El lado oscuro de la historia cristiana

El lado oscuro

${}_{de\ la}$ oscuro

historia cristiana

H E L E N E L L E R B E

EDITORIAL
PAX MÉXICO

COCREACIÓN

EL LIBRO MUERE CUANDO LO FOTOCOPIAN

Amigo lector:

La obra que usted tiene en sus manos es muy valiosa, pues el autor vertió en ella conocimientos, experiencia y años de trabajo. El editor ha procurado dar una presentación digna a su contenido y pone su empeño y recursos para difundirla ampliamente, por medio de su red de comercialización.

Cuando usted fotocopia este libro, o adquiere una copia "pirata", el autor y el editor dejan de percibir lo que les permite recuperar la inversión que han realizado, y ello fomenta el desaliento de la creación de nuevas obras.

La reproducción no autorizada de obras protegidas por el derecho de autor, además de ser un delito, daña la creatividad y limita la difusión de la cultura.

Si usted necesita un ejemplar del libro y no le es posible conseguirlo, le rogamos hacérnoslo saber. No dude en comunicarse con nosotros.

EDITORIAL PAX MÉXICO

Título original de la obra: *The Dark Side of Christian History*
Publicada por Morningstar Books, California, EUA
TRADUCCIÓN Y TIPOGRAFÍA: Cheryl Harleston
PORTADA: Víctor M. Santos Gally

© 1995 Helen Ellerbe, Morningstar Books
© 2006 Cocreación Consultores y Editores, S.A. de C.V.
    Calzada de los Reyes 101
    Col. Rancho de Cortés
    Cuernavaca, Morelos, México 62120
    Teléfono: 01 (777) 317 9504
    cocreacion@cableonline.com.mx
© 2007 Editorial Pax México, Librería Carlos Cesarman, S.A.
    Av. Cuauhtémoc 1430
    Col. Santa Cruz Atoyac
    México, D.F. 03310
    Teléfono: 5605 7677
    Fax: 5605 7600
    editorialpax@editorialpax.com
    www.editorialpax.com

ISBN 13 dígitos: 978-968-860-834-0
ISBN 10 dígitos: 968-860-834-3
Reservados todos los derechos
Impreso en México / *Printed in Mexico*

*Este libro está dedicado
a la dignidad humana
y a la libertad.*

Contenido

Prefacio

Hace varios años, escuché con asombro mientras un conocido hablaba sobre cómo la iglesia cristiana había incorporado lo mejor de la civilización occidental, y cómo había traído paz y comprensión a las personas que tocaba. ¿Cómo — me pregunté — podía esta persona reconciliar los muchos momentos feos del pasado de la Iglesia para prodigar elogios tan incompetentes sobre ella? ¿Podría ser que él simplemente desconocía ese oscuro pasado? Decidí preparar una presentación corta que narrara la crónica del lado oscuro de la historia cristiana — una presentación que ayudara a equilibrar la percepción de que históricamente el cristianismo organizado ha cumplido con sus principios e ideales profesados.

Supuse que encontraría fácilmente toda la información necesaria para esta presentación en la librería, pero pronto me sorprendí enormemente al encontrar muy poca información disponible sobre el tema. En tanto que los historiadores ciertamente han escrito sobre el lado oscuro de la historia cristiana, en gran parte sus palabras han permanecido dentro de los confines de la academia. Unos cuantos han escrito sobre el papel del cristianismo en la creación de un mundo en el que las personas se sienten enajenadas de lo sagrado. En una era en que tantos están buscando un significado espiritual más profundo, ¿por qué no hay información más accesible sobre la historia de las instituciones que pretenden trasmitir tal verdad espiritual? Sin entender el lado oscuro de la historia religiosa, uno podría pensar que religión y espiritualidad son una y la misma cosa. Sin embargo, la religión organizada tiene una historia muy larga de truncar y contener la espiritualidad, la relación personal y privada de uno con Dios, lo sagrado, o lo divino.

Este libro es en lo que se convirtió aquella presentación corta. Mi intención es ofrecer, no una imagen completa de la historia cristiana, sino sólo el lado que lastimó a tantos e hizo tanto daño a la espiritualidad. De ninguna manera tiene la intención de degradar el hermoso trabajo que innumerables hombres y mujeres cristianos han desempeñado por ayudar verdaderamente a otros. Y ciertamente no tiene la intención de ser una defensa o un tributo hacia ninguna otra religión.

Helen Ellerbe
Mayo de 1995

Introducción para la Edición en Castellano

E n junio de 1995, el diario estadounidense *The Chicago Tribune* informó que el Papa Juan Pablo II había exhortado a la Iglesia Católica Romana a aprovechar la ocasión "particularmente propicia" del nuevo milenio para reconocer "el lado oscuro de su historia". En una carta confidencial dirigida a los cardenales y fechada en 1994, la cual más tarde fue divulgada sin autorización a la prensa italiana, el Papa preguntaba: "¿Cómo puede uno permanecer callado acerca de las muchas formas de violencia perpetradas en nombre de la fe — guerras de religión, tribunales de la Inquisición y otras formas de violaciones de los derechos de las personas?"[1] Entender el lado oscuro de la historia cristiana puede no sólo evitar que dicha historia se repita, sino que también puede ilustrar el porqué tantas personas en el mundo actual se sienten enajenadas de lo sagrado.

A lo largo de la historia cristiana, han existido quienes han usado el cristianismo como un medio para controlar a otros. Su cristianismo—denominado "cristianismo ortodoxo" aquí—está incrustado en la creencia en un Dios singular, exclusivamente masculino y autoritario, que exige obediencia incondicional y que castiga sin piedad la disidencia. Los cristianos ortodoxos creen que el miedo es esencial para mantener lo que ellos perciben como un orden jerárquico por decreto divino en el que un Dios celestial reina de manera singular desde una cúspide, muy apartado de la tierra y de toda la humanidad.

El cristianismo ortodoxo originalmente representaba tan sólo uno de muchos conjuntos de creencias cristianas tempranas, no obstante fueron estos cristianos los que llegaron a ejercer poder político. Adaptando su cristianismo al gusto del gobierno romano, obtuvieron autoridad y privilegios sin precedentes. Su iglesia llegó a ser conocida como *La* Iglesia. Este poder recién adquirido les permitió imponer avenencia a sus prácticas. El perseguir a aquellos que no se sometían, sin embargo, le requirió a la Iglesia aclarar su propia doctrina e ideología, para definir exactamente lo que era y lo que no era herejía. Al hacer esto, la Iglesia consistentemente eligió las dogmas e ideologías que mejor apoyaban su control sobre el individuo y la sociedad.

A medida que la Iglesia tomó el mando en Europa y que el Imperio Romano se derrumbó, aquélla prácticamente aniquiló la educación, la tecnología, la ciencia, la medicina, la historia, el arte y el comercio. La Iglesia amasó una enorme fortuna mientras que el resto de la sociedad languidecía en la Edad del Oscurantismo. Cuando los dramáticos cambios sociales después del fin del milenio dieron fin al aislamiento de la era, la Iglesia luchó por mantener su supremacía y control. Convocaba a una sociedad cada vez más disidente en contra de enemigos percibidos, instigando ataques contra musulmanes, cristianos ortodoxos orientales y judíos. Cuando estas cruzadas no lograron mitigar la disidencia, la Iglesia volvió su fuerza en contra de la misma sociedad europea, lanzando un ataque brutal sobre el sur de Francia e instituyendo la Inquisición.

Las cruzadas e incluso los primeros siglos de la Inquisición poco hicieron por enseñarles a las personas una verdadera comprensión del cristianismo ortodoxo. Fueron la Reforma Protestante y la Contrarreforma Católica las que lograron esto.

No fue sino durante la Reforma que la población de Europa adoptó más que una apariencia superficial del cristianismo. La Reforma aterrorizaba a la gente con amenazas del diablo y de brujería. La percepción común de que el mundo físico estaba impregnado de la presencia de Dios y de magia fue reemplazada durante la Reforma con una nueva creencia en que la ayuda divina ya no era posible y que el mundo físico le pertenecía sólo al diablo. Fue un holocausto de trescientos años contra todos los que osaban creer en la ayuda divina y la magia lo que finalmente aseguró la conversión de Europa al cristianismo ortodoxo.

A través de convencer a la gente de que Dios estaba separado del mundo físico, el cristianismo ortodoxo — quizás inadvertidamente — estableció los cimientos para el mundo moderno, un mundo que se creía era mecánico y determinado, un mundo en el que Dios es, en el mejor de los casos, un creador remoto e impersonal. La gente llegó a atribuir su sentido de falta de poder no tanto a su naturaleza humana pecadora, sino a su insignificancia en tal mundo. Las teorías de científicos y filósofos como Isaac Newton, René Descartes y Charles Darwin, fortalecían las creencias cristianas ortodoxas como la inevitabilidad de la lucha y la necesidad de dominación. Tales creencias, sin embargo, ahora están comprobando no sólo tener serias desventajas, sino también estar científicamente limitadas.

El cristianismo ortodoxo ha tenido también un impacto devastador sobre la relación de la humanidad con la naturaleza. A medida que las personas comenzaron a creer que Dios estaba apartado de y desdeñoso hacia el mundo físico, perdieron su reverencia hacia la naturaleza. Los días de fiesta, que habían ayudado a que las personas integraran las estaciones del año con sus vidas, fueron cambiados por conmemoraciones solemnes de sucesos bíblicos sin conexión alguna con los ciclos de la tierra. La percepción del tiempo cambió de tal forma que ya no parecía estar relacionado con los ciclos de cada temporada. La ciencia newtoniana pareció confirmar que la tierra no era más que el resultado inevitable de la operación mecánica de componentes inanimados; confirmaba que la tierra carecía de santidad.

El lado oscuro de la historia cristiana puede ayudarnos a comprender el cercenamiento de nuestra conexión con lo sagrado. Puede enseñarnos sobre la esclavitud más insidiosa y dañina de todas: el control de las personas a través de dictar y contener su espiritualidad. Este lado ignorado de la historia puede iluminar las ideas y creencias que fomentan la denigración de los derechos humanos, la intolerancia a la diferencia y la profanación del medio ambiente natural. Una vez reconocido esto, podremos evitar que alguna vez dichas creencias vuelvan a provocar una destrucción similar. Cuando nosotros entendamos cómo hemos llegado a estar separados de lo divino, podremos comenzar a sanar no sólo las cicatrices, sino la enajenación misma.

1
Semillas de Tiranía
100 - 400 D.C.

Aquellos que procuraron controlar la espiritualidad, restringir las relaciones personales con Dios, ganaron prominencia durante los primeros siglos de la era cristiana. Sus creencias constituyeron los cimientos ideológicos durante gran parte del lado oscuro de la historia de la iglesia cristiana. Comprometidos con la creencia en la supremacía singular, estos cristianos ortodoxos pensaban que el miedo y la sumisión a la autoridad jerárquica eran imperativos. No todos los cristianos estaban de acuerdo. De hecho, contrario a la descripción convencional de los primeros siglos del cristianismo como un tiempo de armonía y unidad, los primeros cristianos estaban en desacuerdo con todo, desde la naturaleza de Dios y los papeles de hombres y mujeres, hasta la manera en que uno encuentra la iluminación.

Quizás lo más esencial en cuanto al grupo de cristianos que triunfarían — llamados "cristianos ortodoxos" aquí* — era la creencia en una supremacía singular, la creencia en que la divinidad está manifestada en una sola imagen. La creencia en

---

* El uso del término "ortodoxo" en este libro se refiere a la ideología tradicional dentro de la mayoría de las denominaciones del cristianismo, y no a cualquier iglesia o denominación específicas.

un Dios único difería radicalmente de la creencia generalizada en que la divinidad podía estar manifestada en una multiplicidad de formas e imágenes. Así como las personas creen que Dios puede tener un sólo rostro, de igual manera tienden a creer que el valor o la santidad entre los humanos también puede tener un sólo rostro. Los diferentes géneros, razas, clases o creencias son clasificados como mejores o peores entre sí. Incluso la noción de dos opiniones discrepantes que existan armoniosamente se torna extraña; una debe prevalecer y ser superior a la otra.

Dentro de tal estructura de creencias, se entiende que Dios reina singularmente desde la cúspide de una jerarquía basada no en amor y apoyo, sino en el miedo. La Biblia repetidamente exhorta a la gente a temer a Dios: "Teme a Dios y observa Sus mandamientos; pues ésta es la tarea de todo hombre."[1] "Bienaventurado todo aquel que teme a Jehová."[2] "Temed a aquel que después de haber quitado la vida, tiene poder de echar en el infierno; sí, os digo, a éste temed."[3] El Padre de la Iglesia del tercer siglo, Tertuliano, no podía imaginar cómo Dios no podía exigir miedo:

> ¿Pero cómo es que vas a amar, sin algo de miedo de que no ames? Ciertamente [tal Dios] no es ni tu Padre, hacia quien tu amor en aras del deber debería ser consistente con el miedo debido a Su poder; ni tu propio Señor, a quien debes amar por Su humanidad y temer como tu maestro.[4]

Las creencias de uno acerca de Dios ejercen impacto sobre las creencias de uno acerca de la sociedad. Como declara la oración del Padre Nuestro, la voluntad de Dios debería hacerse "en la tierra como en el cielo." Los cristianos ortodoxos creían que las personas deben temerle a su gobernante terrenal de igual forma como temen a Dios. San Juan Crisóstomo en el siglo IV describe la necesidad absoluta del miedo:

> ...si privaras al mundo de los magistrados y el miedo que viene de ellos, casas, ciudades y naciones se

*desplomarían unas sobre otras en desenfrenada
confusión, no habiendo nadie para reprimirles, o
repelerles, o persuadirles a ser pacíficos mediante el
miedo al castigo.*[5]
Para el ortodoxo, el miedo era esencial a fin de mantener el
orden.

Los cristianos, como Marcion en el siglo II, quien subrayaba
la naturaleza misericordiosa, indulgente y amorosa de Dios, se
encontraban en desacuerdo con los ortodoxos. A juicio de los
cristianos ortodoxos, Dios debe estar propenso al enojo y exigir
disciplina y castigo. Tertuliano escribió:

*Ahora, si [el Dios de Marcion] no es susceptible a
sentimiento alguno de rivalidad, o enojo, o daño, o
perjuicio, como quien se abstiene de ejercer poder
judicial, no puedo ver cómo algún sistema de disciplina
—y eso, también, uno plenario—pueda ser consistente
con él.*[6]

Los eruditos han sugerido que la primera línea del credo cristiano, "Yo creo en un sólo Dios, Padre Omnipotente, Creador del
cielo y de la tierra", originalmente fue escrito para excluir a los
seguidores de Marcion haciendo énfasis en la naturaleza mono-
teísta y enjuiciadora de Dios.[7]

Los cristianos ortodoxos daban gran importancia a la autoridad singular del obispo, a los rangos dentro del clero y a la
distinción entre el clero y el laicado. Puesto que hay un sólo Dios
en los Cielos, declaró el obispo del siglo I, Ignacio de Antioquía,
únicamente puede haber un obispo en la Iglesia.[8] "Su obispo
preside en el lugar de Dios, y sus [sacerdotes] en el lugar... de los
apóstoles", escribió. "Aparte de estos, no hay iglesia."[9] Tales
creencias y actitudes, sin embargo, ciertamente no eran compartidas por todos los cristianos. Los ortodoxos enfatizaban el rango
a tal grado que un cristiano gnóstico escribió sobre ellos: "Querían regir unos sobre otros, venciéndose unos a otros en su vana

ambición", codiciando "el poder unos sobre otros", "cada uno imaginando que es superior a los otros."[10]

No todos los cristianos aceptaban la creencia en la supremacía singular. Algunos cristianos gnósticos entendían a Dios como multifacético, con aspectos tanto masculinos como femeninos. Algunos veían a lo divino como una díada; un lado siendo "el Inefable, la Profundidad, el Padre Original", mientras que el otro lado era "Gracia, Silencio, el Vientre y Madre del Todo".[11] En el *Apocryphon de Juan* gnóstico, una visión de Dios aparece diciendo: "Yo soy el Padre, Yo soy la Madre, Yo soy el Hijo."[12] Theodoso, un maestro gnóstico, dijo: "cada quien conoce al Señor según su propia manera, y no todos de la misma manera."[13] Para extirpar a los cristianos gnósticos de los ortodoxos, el obispo del siglo II Ireneo alentó a los cristianos a "confesar con la lengua un sólo Dios el Padre."[14]

Sin la creencia en la supremacía singular, resultó que los cristianos gnósticos también rechazarían el orden jerárquico y los rangos estrictos dentro de su iglesia. En contraste con el ortodoxo Ignacio de Antioquía, quien creía que los rangos de obispo, sacerdote y diácono reflejaban la jerarquía celestial,[15] algunos cristianos gnósticos ni siquiera diferenciaban entre clero y laicado, mucho menos entre los rangos del clero. Tertuliano describió a los gnósticos:

> *Así que hoy un hombre es obispo y mañana otro; la persona que es diácono hoy, mañana es un lector; quien es sacerdote hoy es un laico mañana; ¡pues incluso en el laicado ellos imponen las funciones del sacerdocio!*[16]

Y:

> *...todos ellos tienen acceso equitativamente, escuchan equitativamente, oran equitativamente — incluso los paganos, si alguno llega a venir... También comparten el beso de la paz con todo aquel que llega...*[17]

Dentro de una estructura de creencias ortodoxa, no existe la comprensión de la autoridad compartida y la supremacía entre géneros; uno debe ser superior al otro. Percibiendo el rostro único de Dios como masculino, los cristianos ortodoxos consideraban a la supremacía masculina como una extensión del orden celestial. San Agustín escribió a principios del siglo V: "Debemos concluir, que un esposo está destinado a gobernar sobre su esposa así como el espíritu gobierna sobre la carne."[18] En su primera carta a los Corintios, San Pablo trató de explicar la razón de la supremacía masculina:

Porque el varón no procede de la mujer, sino la mujer del varón; y tampoco el varón fue creado por causa de la mujer, sino la mujer por causa del varón.[19]

Recientemente, en 1977, el Papa Paulo VI explicaba que las mujeres estaban excluidas del sacerdocio "porque nuestro Señor fue un hombre."[20]

Entre los ortodoxos, las mujeres debían asumir papeles sumisos. En la primera Carta a Timoteo, San Pablo dice:

Que la mujer aprenda en silencio, con toda sumisión, no permito a la mujer enseñar, ni ejercer dominio sobre el hombre; ella debe mantener silencio.[21]

Cuando monjes cristianos en el siglo IV despedazaron a la gran erudita Hypatia hasta la muerte con conchas de ostión, San Cirilo explicó que había sido porque ella era una perversa hembra que había presumido, en contra de los mandamientos de Dios, enseñar a los hombres.[22]

Había cristianos antiguos, sin embargo, que no abrazaban ni la idea de que Dios es exclusivamente masculino, ni el concepto de la supremacía masculina. Un antiguo grupo conocido como los Esenios, muchos de cuyos escritos han sido descubiertos en los Pergaminos del Mar Muerto, consideraba que la divinidad poseía un aspecto femenino. En el Evangelio de la Paz esenio, Jesús dice: "Yo os guiaré hasta el reino de los ángeles de nuestra Madre..."[23] Un texto gnóstico relata cómo Eva, la hija de Sofía quien había logrado con su deseo que la primera luz celestial apareciese en el mundo, da a luz a Adán:

> ...[Eva] dijo, '¡Adán, vive! ¡Levántate y anda sobre la tierra!' Inmediatamente su palabra se convirtió en hecho. Pues cuando Adán se levantó, de inmediato abrió los ojos. Al verla, dijo: 'Tú serás llamada "la madre de los vivos" porque tú eres quien me dio la vida.'[24]

No todas las primeras mujeres cristianas aceptaban desempeñar papeles serviles. Mientras que los gnósticos sostenían un amplio rango de puntos de vista, varios de sus escritos se refieren a María Magdalena como una de los más importantes líderes del movimiento cristiano inicial. Algunos creían que ella fue la primera en ver a Jesucristo resucitado y que ella retó la autoridad de Pedro como parte de la surgiente jerarquía de la Iglesia. Tertuliano estaba pasmado por el papel de las mujeres entre los gnósticos:

> Las... mujeres de los herejes, ¡cuán perversas son! Pues ellas son lo suficientemente audaces para enseñar, para disputar, para ejecutar exorcismos, para emprender curas — ¡quizás incluso para bautizar![25]

Otro punto de contienda entre los cristianos tenía que ver con la naturaleza de la verdad y cómo un individuo podría llegar a ser iluminado. Gran parte de este argumento se centraba alrededor de la resurrección de Cristo, alrededor de si se trataba del cuerpo físico de Cristo o su espíritu el que había resucitado. Los cristianos ortodoxos insistían que había sido el cuerpo físico de Cristo, para utilizar las palabras de Tertuliano, su "carne fluyendo sangre, formado con huesos, entretejido con nervios, entrelazado con venas..."[26] Ellos creían que puesto que se trataba del cuerpo físico de Cristo, la resurrección era un acontecimiento único que nunca volvería a ser experimentado.

Los ortodoxos insistían que uno podía aprender de Cristo sólo a través de aquellos que habían experimentado esta resurrección, los Apóstoles, o aquellos hombres designados como sus sucesores. Esto confinó el poder y la autoridad a unos cuantos y estableció una cadena específica de mando.[27] Restringía las vías mediante las cuales uno podía descubrir a Dios. Los cristianos ortodoxos católicos ("universales") afirmaban ser aquellos sucesores designados de los Apóstoles, y por ende los únicos que podían iluminar a otros. El obispo Ireneo declaró:

Es inminente obedecer a los sacerdotes que están en la Iglesia... aquellos que poseen la sucesión de los apóstoles; aquellos que, junto con la sucesión del episcopado, han recibido el cierto regalo de la verdad.[28]

Hasta la fecha, el Papa traza su autoridad y primacía hasta Pedro mismo, "el primero de los apóstoles", puesto que él fue "primer testigo de la resurrección."[29]

Algunos gnósticos, sin embargo, llamaban "fe de tontos"[30] a la creencia en la resurrección del cuerpo literal y físico de Cristo en lugar de su espíritu. Se oponían tanto a la idea de que cualquiera hubiese visto a Cristo en cuerpo físico después de la resurrección, como a la afirmación de que Pedro hubiese sido el primero en experimentar a Cristo resucitado. Incluso los evangelios canonizados de Marcos y Juan relatan cómo Jesús apareció primero, no ante Pedro o los Apóstoles, sino ante María Magdalena.[31] Al decirle Jesús a María "No me toques",[32] algunos piensan que Jesús dio a entender que estaba en forma de espíritu en vez de en cuerpo físico. El creer que el espíritu de Jesús había sido resucitado sugiere que cualquiera, sin importar su rango, podía experimentar o "ver al Señor" en sueños o visiones. Cualquiera podía ser facultado con la misma autoridad que los Apóstoles.[33] Cualquiera podía tener acceso y desarrollar su propia relación con Dios.

Los cristianos disentían sobre la naturaleza misma de la verdad. Para los ortodoxos, quienes creían que la verdad podía venir sólo a través de los sucesores de los Apóstoles, la verdad era estática y nunca cambiaba. Había sido revelada una sola vez en la resurrección. Como consecuencia, ellos pensaban que uno debía aprender sobre Dios sólo a través de la Iglesia, no de la indagación personal y no de la propia experiencia de uno. La fe ciega era considerada más importante que la comprensión personal. El Obispo Ireneo advirtió sobre no buscar respuestas "como las que cada quien descubre por sí mismo", sino más bien aceptar con fe aquello que enseña la Iglesia, y que "puede ser comprendido clara, inequívoca y armoniosamente por todos."[34] Escribió: "Si... no podemos descubrir explicaciones de todas esas cosas en las Escrituras... deberíamos dejar las cosas de esa naturaleza a Dios que nos creó, siendo asegurados más apropiadamente que las Escrituras son ciertamente perfectas."[35] Tertuliano declaró:

> ¡No queremos ninguna disputa curiosa después de poseer a Jesucristo, ninguna inquisición después de disfrutar de los evangelios! Con nuestra fe, no deseamos ninguna otra creencia.[36]

Uno debería aceptar y someterse incondicionalmente a lo que sea que enseñe la Iglesia.

De hecho, los cristianos ortodoxos consideraban a la búsqueda rigurosa y personal de la verdad y la comprensión como una señal de herejía. Como escribió Tertuliano:

> Esta regla... fue enseñada por Cristo, y no suscita entre nosotros otras preguntas que aquéllas que presentan las herejías y que convierten a los hombres en herejes.[37]

Y:

> ¿Pero en qué base los herejes son extraños y enemigos de los apóstoles, si no fuese por la diferencia de sus

*enseñanzas, que cada individuo por su propia y mera
voluntad ha avanzado o recibido?*[38]
Puesto que los ortodoxos creían que la verdad les era conocida
sólo a los sucesores de los Apóstoles, uno podía aprender sobre
ella sólo aceptando las enseñanzas de la Iglesia con fe ciega.
Otros, sin embargo, creyendo que el espíritu y la presencia
de Cristo podían ser experimentados por cualquiera en cualquier momento, consideraban que la verdad era dinámica y
siempre en aumento. Algunos gnósticos creían que la verdad y
el *Gnosis* o "conocimiento" se encontraba, no recurriendo a la
Iglesia, sino buscando dentro de uno mismo. El autoconocimien-
to conduciría a conocer a Dios. Un maestro gnóstico llamado
Monoimos escribió:

> *Busca (a Dios) tomándote a ti mismo como el punto de
> partida... Estudia las fuentes de pesar, alegría, amor,
> odio... Si investigas con cuidado estos asuntos, lo
> encontrarás en ti mismo.*[39]

En el siglo I, Simón Mago enseñaba que dentro de cada ser
humano habita "el poder Ilimitado, que... es la raíz del universo."[40] El sendero a la iluminación implicaba no simplemente el
aceptar las palabras de la Iglesia con fe, sino una activa búsqueda
personal de la comprensión. Un texto gnóstico dice: "...el alma
racional que se cansó en la búsqueda — ella aprendió sobre
Dios."[41]

Estos cristianos creían que la autoexploración era imperati-
va para el propio sendero espiritual. En el *Evangelio Según Tomás*
gnóstico, Jesús dice:

> *Si das a luz lo que está dentro de ti, lo que des a luz te
> salvará. Si no das a luz lo que está dentro de ti, lo que
> no des a luz te destruirá.*[42]

Ellos creían que el buscar podía disipar la ignorancia que producía una existencia de pesadilla en la que uno es atrapado por
"muchas ilusiones" y experimenta "terror y confusión e inestabi-
lidad y duda y división."[43] El *Evangelio de la Verdad* dice:

la ignorancia... trajo angustia y terror. Y la angustia
se tornó sólida como una neblina, de tal forma que
nadie podía ver.[44]

El buscar dentro de uno mismo podía aportar el conocimiento y la iluminación para disipar tal ignorancia. Ellos creían que Jesús había alentado la autoexploración. Jesús dijo: "Buscad, y hallaréis; llamad, y se os abrirá" y "el reino de Dios está entre vosotros."[45]

Así como los ortodoxos querían controlar la verdad, también querían un estricto control sobre quién podía distribuir tal verdad. Los primeros cristianos disentían severamente sobre el papel de la Iglesia. Los cristianos gnósticos que valoraban la exploración personal creían que la estructura de la Iglesia debía mantenerse flexible, mientras que los cristianos ortodoxos insistían en adherirse estrictamente a una Iglesia única.[46] El Obispo Ireneo insistía que podía haber solamente una Iglesia, y que fuera de esa iglesia "no existe salvación."[47] Él dijo sobre la Iglesia: "ella es la entrada a la vida, todos los demás son ladrones y rateros."[48] Ignacio, el Obispo de Antioquía, escribió: "Que ningún hombre se engañe a sí mismo: si alguno no estuviese dentro del altar, está privado del pan de Dios."[49] Y Clemente, Obispo de Roma de 90 a 100 D.C., argumentaba que únicamente Dios gobierna todas las cosas, que Él establece la ley, castigando a los rebeldes y recompensando a los obedientes, y que Su autoridad es delegada a los líderes de la Iglesia. Clemente llegó al grado de decir que cualquiera que desobedezca a estas autoridades ordenadas divinamente ha desobedecido a Dios Mismo y deberá recibir la pena de muerte.[50]

Mucho tiempo antes de que los intentos de la Iglesia por controlar la espiritualidad cobraran sus devastadoras pérdidas, las semillas de su tiranía eran evidentes en la ideología de los primeros cristianos ortodoxos. Su creencia en la supremacía singular limitó la manera en que uno podía comprender a Dios y eliminó cualquier representación de supremacía compartida.

Fomentó una estructura autoritaria basada en el miedo que segrega a las personas en posiciones de superioridad o inferioridad, restringe la adquisición personal de poder, y exige obediencia incondicional. A pesar de que los cristianos ortodoxos representaban sólo una de muchas ramas iniciales, en cuestión de pocos siglos habían suprimido la diversidad de las primeras creencias e ideas. Las creencias cristianas ortodoxas se convirtieron en sinónimo del cristianismo mismo.

2
Maniobras Políticas:
Haciendo el Cristianismo
Apetecible a los Romanos
200 - 500 D.C.

E l cristianismo debe su alto número de miembros a las maniobras políticas de los cristianos ortodoxos. Ellos consiguieron su propósito de convertir el cristianismo, de repudiado culto de menor importancia, a la religión oficial del Imperio Romano. Su meta era crear lo que el Obispo Ireneo llamó "la iglesia católica dispersa a través del mundo entero, incluso hasta los extremos del mundo."[1] Con esa finalidad, ellos utilizaron casi cualquier recurso. Revisaron los escritos cristianos y adaptaron sus principios para hacer más aceptable el cristianismo. Complacían a las autoridades romanas. Incorporaban elementos de paganismo. El cristianismo ortodoxo interesaba al gobierno, no como una religión que fomentaría la iluminación o la espiritualidad, sino más bien como algo que traería orden y conformidad al tambaleante imperio. El gobierno romano a su vez otorgó a los cristianos ortodoxos privilegios sin precedentes, haciendo posible que la iglesia cristiana se convirtiera en el mismo tipo de poder autoritario contra el cual Jesús había combatido.

Ganar aceptación para el cristianismo no fue una hazaña pequeña; los cristianos no gozaban de simpatía dentro del Imperio Romano. Los romanos habían incorporado con facilidad nuevos dioses y diosas a su Panteón con la esperanza de incrementar su propia protección y seguridad. El Edicto de Milán del año 313 D.C., por ejemplo, otorgaba a todos libertad religiosa para que "cualquier divinidad (que esté) entronizada en los cielos pueda estar bien dispuesta y propicia hacia nosotros y hacia todos aquellos bajo nuestra autoridad."[2] Los cristianos, sin embargo, creyendo que el suyo era el único Dios, se rehusaron a permitir que Él fuese venerado al lado de otros. Cuando ellos se rehusaron a profesar lealtad al Panteón romano de dioses, los cristianos fueron vistos como probables traidores al estado romano. Pues una vez que los emperadores romanos comenzaron a representarse a sí mismos como divinos, la lealtad a los dioses romanos también simbolizaba lealtad al estado romano.

Los cristianos sostenían actitudes que poco hacían para congraciarlos con los romanos. El Obispo Ireneo, por ejemplo, declaró: "Nosotros no tenemos necesidad alguna de la ley, puesto que ya estamos muy por encima de ella con nuestro comportamiento divino."[3] Relatos de alrededor del año 200 reflejan el disgusto que los romanos sentían por los cristianos:

> ...ellos eran 'la máxima inmundicia', una banda 'de hombres ignorantes y mujeres crédulas', quienes 'con reuniones nocturnas, ayunos solemnes y comida inhumana' constituían 'una cuadrilla de cuchitril amante de las sombras', 'silenciosos en público pero parloteando por los rincones', 'escupiendo sobre los dioses y burlándose de las cosas sagradas...'[4]

No obstante, y a pesar de tal ambiente, los cristianos ganaron no sólo aceptación sino también prominencia política como la religión oficial del Imperio Romano bajo el Emperador Constantino en el siglo IV.

Los ortodoxos utilizaron medios políticamente convenientes para lograr tales fines. Diseñaron una organización, no para fomentar la espiritualidad, sino para manejar números elevados de personas. Simplificaron los criterios para la aceptación de miembros. La iglesia católica decidió que cualquiera que confesara el Credo, aceptara el bautismo, participara en el culto, obedeciera a la jerarquía de la Iglesia y creyera en "la verdad única de los apóstoles, que es transmitida por la Iglesia",[5] era un cristiano. Como escribe un historiador, tales criterios sugieren que "para lograr la salvación, un ignorante necesitaba únicamente creer sin entender y obedecer a las autoridades..."[6] Los ortodoxos ignoraban el razonamiento de que un verdadero cristiano sólo podría ser identificado por su comportamiento y madurez, y no mediante la simple celebración del ritual. Algunos cristianos gnósticos, por ejemplo, insistían que Jesús había dicho: "Por sus frutos habréis de conocerlos..."[7] El bautismo no necesariamente lo convertía a uno en cristiano, decían, puesto que muchas personas "se sumergen en el agua y salen sin haber recibido nada."[8] Las normas simples de los ortodoxos, sin embargo, facilitaban mucho más el acopio de numerosos seguidores.

Los cristianos ortodoxos articularon la Biblia, no para reunir todos los evangelios sino más bien para promover la uniformidad. De la abundancia de evangelios cristianos, el Obispo Ireneo recopiló la primera lista de escritos bíblicos que se asemejan al Nuevo Testamento actual, alrededor del año 180 D.C. Hacia los años 393 y 397, el Obispo Atanasio hizo que una lista similar fuese ratificada por los concilios de la Iglesia en Hippo y Cartago.[9] Al prohibir y quemar cualquier otro escrito, la iglesia católica a la larga dio la impresión de que esta Biblia y sus cuatro Evangelios canonizados representaba la única perspectiva cristiana original. Y sin embargo, todavía en el año 450, Teodoro de Cyrrhus dijo que había por lo menos 200 evangelios diferentes circulando en su propia diócesis.[10] Incluso la *Enciclopedia Católica* ahora admite que la "idea de un canon completo y bien delineado del Nuevo Testamento que existía desde el principio... carece de fundamento en la historia."[11]

Más allá de elegir entre los muchos evangelios y escritos para construir la Biblia, la Iglesia editaba su mensaje con cada traducción. El filósofo romano Celso, testigo de la falsificación de los escritos cristianos que ya había en el siglo II, dijo de los revisionistas:

> *Algunos de ellos, como si estuviesen en un estado de ebriedad que produce visiones autoinducidas, remodelar su Evangelio en su primera forma escrita, y lo reforman a fin de poder refutar las objeciones presentadas en su contra.*[12]

La *Enciclopedia Católica* concede que "En todos los departamentos, la adulteración e interpolación así como la ignorancia, han forjado malicia a gran escala."[13] A pesar de las prohibiciones de la Iglesia en contra de cualquier investigación posterior hacia los orígenes de los Evangelios, los eruditos han mostrado que los cuatro Evangelios canonizados han sido alterados y revisados.[14] Mientras que la Iglesia afirmaba que la verdad era estática por naturaleza y que había sido revelada solamente una vez, continuamente encontraba razón para cambiar dicha verdad.

Los intentos por conseguir uniformidad no tuvieron éxito del todo. Incluso los cuatro Evangelios canonizados se contradicen entre sí. El Evangelio de Mateo nos dice que Jesús fue un aristócrata descendiente de David vía Salomón, mientras que el Evangelio de Lucas nos dice que Jesús era de estirpe mucho más humilde, y el Evangelio de Marcos dice que Jesús fue hijo de un carpintero pobre. En su nacimiento, Jesús fue visitado por reyes según Mateo, pero según Lucas, fue visitado por pastores. Y a la muerte de Jesús, los Evangelios de Marcos y Mateo nos dicen que las últimas palabras de Jesús fueron "Dios mío, Dios mío, ¿por qué me has desamparado?" Pero según Lucas, él dijo: "Padre, en tus manos encomiendo mi espíritu", y en el de Juan dice simplemente: "Consumado es."[15] Como los autores del libro *Santa*

Sangre, Santo Grial preguntan: "¿Cómo pueden (los Evangelios) no ser impugnables cuando se impugnan entre sí?"[16]

Sin embargo, fue la insistencia de la Iglesia por la uniformidad lo que atrajo al Emperador Romano Constantino. Constantino, un hombre que había mandado ejecutar a su propio hijo y hervir viva a su esposa,[17] vio en el cristianismo un medio pragmático de reforzar su propio poder militar y de unir al vasto y agitado Imperio Romano. Se cuenta la historia del sueño de Constantino que condujo a su propia aceptación del cristianismo, en el que vio una cruz en el cielo inscrita con las palabras: "Bajo este signo conquistarás." Aunque en lo personal se convirtió al cristianismo hasta su lecho de muerte, Constantino reconoció en el cristianismo un medio de conquistar la disidencia dentro del Imperio Romano y lo estableció como la religión oficial del Imperio.

Los cristianos ortodoxos disociaban al cristianismo de la insurrección política. Con toda probabilidad, hicieron concesiones en cuanto a la verdad del involucramiento político de Jesús, responsabilizando de su muerte a los judíos en lugar de a los romanos. Los Evangelios canonizados ignoran notoriamente la tensión de la creciente resistencia judía hacia la ocupación romana de Judea durante la vida de Jesús. Hay una excepción en el Evangelio de Lucas, cuando relata que las autoridades dicen: "A éste [Jesús] hemos hallado que pervierte a la nación, y que prohibe [a los judíos] dar tributo a Cesar."[18] Menos de 40 años después de la muerte de Jesús, dicha tensión se convirtió en una violenta guerra entre el ejército romano y los judíos.

Jesús probablemente participaba en los asuntos de su tiempo como un líder tanto político como espiritual. El término *Cristo*, tanto en hebreo como en griego, era un título funcional para un rey o un líder.[19] Dado el ambiente político, es mucho más probable que los romanos — no los judíos — le dieron muerte por su actividad política. La crucifixión había sido el castigo romano común para la sedición, siendo la cruz un símbolo de la

resistencia judía contra la ocupación romana.[20] Inculpar a los judíos por la muerte de Jesús probablemente era un medio conveniente de oscurecer el involucramiento político de Jesús y de disociar al cristianismo de la rebelión política.[21]

Una vez que el cristianismo obtuvo prominencia, los ortodoxos permitieron al emperador romano influir directamente en la doctrina cristiana. A fin de resolver las disputas ideológicas en la Iglesia, Constantino introdujo y presidió el primer concilio ecuménico en Nicea en el año 325. En su libro *Los Herejes*, Walter Nigg describe los medios para llegar a un consenso:

> *Constantino, quien trataba las cuestiones religiosas desde un punto de vista político, aseguró la unanimidad mediante expulsando a todos los obispos que no firmaran la nueva profesión de fe. De esta manera se lograba la unidad. 'Fue algo enteramente sin precedente el que un credo universal debiera ser instituido exclusivamente por la autoridad del emperador, quien como catecúmeno ni siquiera era admitido al misterio de la Eucaristía y carecía totalmente de poder para regir sobre los más altos misterios de la fe. Ni un solo obispo pronunció una sola palabra en contra de esta monstruosa cosa.'[22]*

Una de las decisiones políticas alcanzadas en el Concilio de Nicea estableció el Credo Niceno, un medio para mantener intacta la creencia en la supremacía singular mientras que simultáneamente incorporaba a Jesús dentro de la imagen de Dios. Jesús no habría de ser considerado mortal; él era un aspecto de Dios que podía ser entendido como el Padre, el Hijo y el Espíritu Santo. Esta nueva Santa Trinidad imitaba un retrato mucho más antiguo de la divinidad que incluía el valor de la diferencia. Por

---

2.1 El Emperador Romano Constantino creía que el cristianismo proporcionaría un medio hacia un mayor poder político y militar. Esta ilustración lo representa en vísperas de una importante batalla, cuando se dice que observó una cruz en el cielo inscrita con las palabras "Bajo este signo conquistarás".

TRINITY.

ejemplo, la visión de Dios en la obra gnóstica *El Libro Secreto de Juan*, "Yo soy el Padre, yo soy la Madre, yo soy el Hijo",[23] ilustra el concepto de sinergia en el que el todo creado es mayor que la suma de las partes. Otro texto llamado *La Sofía de Jesucristo* relata cómo energías masculinas y femeninas crearon juntas un

> ... *hijo primogénito andrógino. Su nombre masculino es llamado 'Sofía, la Primera que Engendró, Madre del Universo.' Algunos la llaman 'Amor'. Ahora el primogénito es llamado 'Cristo'.*[24]

Incluso el posterior Corán islámico confundió la Trinidad cristiana con ésta arquetípica, refiriéndose a ella como la trinidad de Dios, María y Jesús.[25]

El Credo Niceno, sin embargo, estableció una trinidad que exaltaba la igualdad y la singularidad. Se perdió toda referencia a una sinergia, una energía, una magia que pudiera resultar de la unión de dos personas diferentes. El concilio eliminó la imagen de padre, madre e hijo, reemplazando al término femenino hebreo para espíritu, *ruah*, con el término neutro griego, *pneuma*.[26] La trinidad ahora se componía del padre, el hijo, y un espíritu neutro, sin sexo. Los cristianos lo representaban como tres hombres jóvenes de idéntica forma y apariencia.[27] Sermones medievales posteriores compararían la trinidad "con reflejos idénticos en los varios fragmentos de un espejo roto o con la composición idéntica de agua, nieve y hielo."[28] Dos papas prohibirían el libro de la monja española del siglo XVII María d'Agreda, *La Ciudad Mística de Dios*, por denotar una trinidad entre Dios, María y Jesús.[29] Todas las alusiones al valor de la diferencia se

---

2.2 Una representación de la Trinidad Cristiana, concepto que permitió que Jesús fuese considerado parte de Dios a la vez que mantenía la creencia en una supremacía singular. Tomó el concepto más antiguo de la trinidad que ilustraba el valor de la diferencia, en el que un hombre y una mujer juntos crean una sinergia, algo que es más grande que ambos, y lo reemplazó con una trinidad que exaltaba la igualdad.

perdieron; la divinidad pasó a ser percibida como una imagen singular, ya sea masculina o neutral, pero nunca femenina.

Sin embargo, fue su creencia en las muchas caras de Dios lo que ayudó a los romanos a dar cabida al cristianismo, y no la singularidad de la teología cristiana. El cristianismo se asemejaba a ciertos elementos de la creencia romana, particularmente la adoración de Mitra, o mitraísmo. Como "protector del Imperio",[30] Mitra estaba estrechamente ligado con los dioses del sol, Helios y Apolo. La fecha del nacimiento de Mitra, el 25 de diciembre, cerca del solsticio de invierno, se convirtió en la fecha del nacimiento de Jesús. Pastores habrían de haber atestiguado el nacimiento de Mitra y habrían de haber tomado parte en una última cena con Mitra antes de que éste regresara a los cielos.[31] La ascensión de Mitra, correlacionado con el regreso del sol a la prominencia alrededor del equinoccio de primavera, se convirtió en el día festivo cristiano de la Pascua. Los cristianos se apoderaron de un templo/cueva dedicado a Mitra en Roma sobre el Monte Vaticano, convirtiéndolo en la sede de la Iglesia Católica. El título de sumo sacerdote mitráico, *Pater Patrum*, pronto se convirtió en el título para el obispo de Roma, *Papa*.[32] Los padres del cristianismo explicaban las sorprendentes semejanzas del mitraísmo como el trabajo del diablo, declarando que las leyendas del mitraísmo, mucho más antiguas, eran una imitación insidiosa de la única fe verdadera.[33]

Sin apoyo inicial por parte de la Iglesia, la figura de María llegó a ser reverenciada como una imagen para el aspecto femenino de Dios. Así como el cristianismo se comparaba con el mitraísmo, de igual forma la adoración de María se asemejaba a la adoración de facetas de la Diosa, particularmente las de las tradiciones madre/hijo, como Isis/Horus, Juno/Marte, Cibeles/

2.3 El responsabilizar a los judíos por la crucifixión de Jesús en lugar de a los romanos fue más probablemente un medio para hacer al cristianismo más aceptable para el gobierno romano, ignorando el probable papel de Jesús como rebelde político.

Atis y Neith/Ra. María era percibida como una figura más asequible, accesible y humana que el enjuiciador y todopoderoso Dios. Ella era más gentil e indulgente, y era mucho más probable que lo ayudase a uno en los asuntos diarios. El historiador del Siglo V Sozomeno describe el carácter de María en su obra sobre Anastasia en Constantinopla:

> *Un poder divino se hallaba ahí manifestado, y era beneficioso tanto durante las visiones en vigilia como en los sueños, a menudo para el alivio de muchas enfermedades y para quienes padecían de alguna transformación repentina en sus asuntos. El poder le era atribuido a María, la Madre de Dios, la santa Virgen, pues ella en efecto se manifiesta a sí misma de esta manera.*[34]

Ni la Biblia ni la Iglesia en sus inicios alentaban el culto marista o reconocían siquiera a María como una santa.[35] Aunque el Concilio de Nicea reafirmó que Cristo en efecto había nacido de la Virgen María, el Obispo Epifanio en el siglo IV expresó el sentir de los cristianos ortodoxos: "Dejad que el Padre, el Hijo y el Espíritu Santo sean venerados, pero que nadie venere a María."[36] Durante los primeros cinco siglos, el arte cristiano representaba a María en un estado menos venerable que incluso los Reyes Magos, los tres sabios, quienes portaban halos mientras que María no.[37] En el siglo IV, San Crisóstomo acusó a María de intentar tiranizar y "hacerse célebre a través de su hijo."[38] Disminuir la importancia de María era una manera de desalentar su asociación con las más antiguas facetas precristianas de la Diosa. El Obispo Epifanio escribió:

> *Dios descendió de los cielos, la Palabra se vistió a sí misma con carne de una santa Virgen, no, ciertamen-*

2.4 En sus inicios, la Iglesia permitía con renuencia el culto a la Virgen María. Al hacer esto, permitió que la veneración precristiana a la divinidad femenina continuara como culto marista.

*te, que la Virgen deba ser adorada, ni convertirla en
diosa, ni que debamos ofrecer sacrificio en su nombre, ni que, ahora después de tantas generaciones, las
mujeres deban otra vez ser designadas como sacerdotes... (Dios) no le otorgó a ella cargo alguno para
suministrar el bautismo o bendecir a los discípulos, ni
la mandó gobernar sobre la tierra.*[39]

El cristianismo, tal como lo entendían los ortodoxos, trataba
sobre el poder singular del Padre, Hijo y Espíritu Santo, y no
sobre algún aspecto femenino de Dios.

No obstante, el culto marista persistió. Cuando un concilio
en Efeso en el año 431 indicó que María podía ser venerada sin
riesgo, las multitudes estallaron en celebraciones, acompañadas
de procesiones con luces de antorcha y gritos de "¡Alabada sea la
Theotokos* (Madre de Dios)!"[40] Los templos y sitios sagrados
más antiguos, antes dedicados a diosas precristianas, fueron
dedicados de nuevo o reemplazados con iglesias para María. En
Roma en el Monte Esquilino, el templo de Santa María Maggiore
reemplazó al templo de Cibeles. Cerca del Panteón, una iglesia
dedicada a María colindaba con el santuario de Isis, mientras
que otra fue construida en un sitio que había estado dedicado a
Minerva. En el Monte Capitolino en Araceli, el templo de Santa
María substituyó a un templo de la diosa fenicia Tanit. En
Chipre, los santuarios que eran el suelo sagrado de Afrodita
fácilmente se convirtieron en santuarios de María, quien hasta la
fecha es llamada *Panaghia Aphroditessa*.[41] Geoffrey Ashe mencio-
na en *La Virgen*:

> Como Cibeles, [María] custodiaba a Roma. Como
> Atenea, ella protegía diversas otras ciudades. Como
> Isis, ella velaba por los navegantes, volviéndose la
> 'Estrella del Mar' y así permaneciendo. Como Juno,
> ella cuidaba de las mujeres embarazadas... Portaba

---

* N. de T. - Del griego *theos* = dios, *tokos* = madre, la que da a luz.

una corona que recordaba la de Cibeles. Entronizada
con su hijo, ella se parecía a Isis con Horus. Ella tenía
incluso ciertos toques de Neith respecto a ella.[42]
La Iglesia no había subyugado la veneración a la divinidad
femenina; simplemente le había puesto un nuevo nombre.

De modo interesante, la versión cristiana de la divinidad
femenina excluía cualquier representación de uno de los aspectos más poderosos de la Diosa, la faceta de la Anciana Sabia. En
todas las tradiciones precristianas, tres facetas de la divinidad
femenina eran comunes: la Doncella o Virgen, la Madre, y la
Anciana Sabia. María personificaba a las dos primeras, siendo a
la vez Virgen y Madre. La tercera faceta, la Anciana Sabia,
representando la culminación del poder y la sabiduría femeninos, fue excluida del canon cristiano de santos. El rechazo de la
Iglesia por la Anciana Sabia es significativo en cuanto a que es
precisamente la figura de la Anciana Sabia la que más tarde vino
a simbolizar al enemigo máximo de la Iglesia — la bruja.

La Iglesia cosechó grandes ganancias haciendo concesiones
en cuanto a su ideología y adaptándose a las creencias prevalecientes. En el año 319, Constantino decretó una ley que exentaba
al clero del pago de impuestos o de prestar servicio en el
ejército,[43] y en 355 se exentó a los obispos de alguna vez ser
juzgados en cortes seculares.[44] En el año 380, el Emperador
Teodosio aprobó un decreto que decía:

Creeremos en la deidad singular del Padre, el Hijo, y
el Espíritu Santo, bajo el concepto de igual majestad
y de la Santa Trinidad.

1. Ordenamos que aquellas personas que sigan esta
regla abrazarán el nombre de Católicos Cristianos.
El resto, sin embargo, a quienes Nosotros juzgamos
como dementes e insanos, sustentarán la ignominia
de los dogmas heréticos, sus lugares de reunión no
recibirán el nombre de iglesias, y ellos serán golpea-
dos primero por la venganza divina y segundo por la

retribución de Nuestra propia iniciativa, la cual No-
sotros asumiremos de acuerdo con el juicio divino.[45]

Las leyes teodosianas hicieron ilegal el estar en desacuerdo con la Iglesia. Y una prohibición en el año 388 vetó cualquier discusión pública de temas religiosos.

El antiguo culto pagano multidimensional fue prohibido en el año 392 y considerado una actividad criminal. En el año 410, el emperador Honorio decretó:

> *Que todos aquellos que actúan en contra de las leyes*
> *sagradas sepan que su entrada furtiva en su supersti-*
> *ción herética para rendir culto en el oráculo más*
> *remoto es castigable con el exilio y la sangre, si*
> *estuviesen otra vez tentados a reunirse en tales sitios*
> *para actividades criminales...*[46]

Los templos paganos fueron saqueados y destruidos. Una protesta por escrito del año 386 al gobierno romano sobre el saqueo cristiano permanece:

> *Si ellos [los cristianos] reciben noticia de algún lugar*
> *con algo que valga la pena saquear, inmediatamente*
> *afirman que alguien está llevando a cabo sacrificios*
> *ahí y cometiendo abominaciones, y visitan el lugar —*
> *podéis verlos escabulléndose ahí, estos guardianes*
> *del buen orden (pues así es como se nombran a sí*
> *mismos), estos bandoleros, si es que bandolero no es*
> *una palabra demasiado suave; pues los bandoleros al*
> *menos tratan de ocultar lo que han hecho: si los*
> *llamáis bandoleros, se sienten indignados; pero estas*
> *personas, por el contrario, muestran orgullo de sus*
> *hazañas... ¡ellos creen que merecen recompensas!*[47]

Para el año 435, una ley amenazaba de muerte a cualquier hereje en el Imperio Romano. El judaísmo seguía siendo la única otra religión legalmente reconocida. Sin embargo, se aislaba a los judíos lo más posible, y el matrimonio entre judíos y cristianos acarreaba la misma pena que el adulterio: la mujer sería ejecutada.[48] La Iglesia había triunfado. La creencia en un sólo rostro de Dios había conducido a la imposición legal de una sola religión.

Los cristianos ortodoxos se guiaron por su creencia acerca de Dios. Como ellos percibían que Dios controlaba de una manera autoritaria, así ellos intentaron encontrar una manera en la que ellos, en nombre de Dios, pudieran ejercitar un control autoritario similar. Con esa finalidad, construyeron una organización que atraía al gobierno del Imperio Romano por promover uniformidad y obediencia. Probablemente estos cristianos alteraron la historia de la muerte de Jesús a fin de disociar al cristianismo de la rebelión en contra de la autoridad romana. Establecieron criterios que facilitaban el reclutamiento de un alto número de personas. En sus inicios, la Iglesia hizo concesiones en cuanto a su ideología para dar cabida a las creencias contemporáneas. Fue mediante maniobras políticas que la Iglesia ganó su posición como la religión oficial del Imperio Romano y el poder y privilegio seculares que lo acompañaban.

3
Decidiendo sobre la Doctrina: Sexo, Libre Albedrío, Reencarnación y el Uso de la Fuerza
300 - 500 D.C.

L
a Iglesia formuló su doctrina en relación al sexo, el libre albedrío y la reencarnación en respuesta a los primeros herejes. En cada caso eligió las posiciones ideológicas que mejor justificaran el control de la Iglesia sobre el individuo y sobre la sociedad. La Iglesia también desarrolló una doctrina que justificaba su uso de la fuerza a fin de imponer obediencia. No transcurrió mucho tiempo antes de que la Iglesia necesitara esa doctrina para defender su violenta supresión de la he-rejía.

"Herejía" proviene del término griego *hairesis*, que significa "elección".[1] En los primeros siglos había mucho de donde elegir dentro del cristianismo — y en consecuencia, había muchas herejías. A los gnósticos se unieron marcionistas, montanistas, arrianos, sabelianos, nestorianos, monofisitas, los coptos en Egipto, los jacobitas en Siria y la Iglesia Ortodoxa de Armenia discrepando con la Iglesia Católica. Las herejías en torno a

Pelagio, Orígenes y los donatistas condujeron a una nueva doctrina particularmente significativa. La herejía maniquea, si bien no conducía a una doctrina específica, estableció un precedente para la negación de la Iglesia de aspectos impopulares de su propia ideología.

La controversia pelagiana originó una doctrina de la Iglesia con respecto al libre albedrío y la sexualidad humanos. Pelagio, un monje irlandés que arribó a Roma a principios del siglo V, creía que una persona tenía libertad de albedrío y responsabilidad por sus acciones. Él creía que los esfuerzos propios de una persona desempeñan un papel en la determinación de si ella se salvará o no. A juicio de Pelagio, la confianza en la redención de Cristo debe estar acompañada de responsabilidad individual y de esfuerzos por hacer el bien.[2] Al otorgarles a los humanos responsabilidad por sus actos, el Creador les dio libertad. Como escribe un historiador:

> *Pelagio luchó por el bien inmensurable de la libertad del hombre. No es posible renunciar a esa libertad sin pérdida de dignidad humana... A menos de que la libertad del hombre para tomar sus propias decisiones sea reconocida, se verá reducido a una simple marioneta. Según Pelagio, el Creador le confirió autoridad moral al hombre, y hacer desmerecer dicha autoridad es poner en duda el parecido del hombre con Dios.*[3]

La oposición más vehemente de Pelagio vino de San Agustín, el célebre Doctor de la Iglesia y Obispo de Hippo. La salvación, como Agustín la veía, está enteramente en las manos de Dios; no hay nada que un individuo pueda hacer. Dios ha elegido tan sólo a unas cuantas personas a quienes Él les dará dicha y salvación. Es por estos cuantos que Cristo vino al mundo. Todos los demás están condenados para toda la eternidad. A juicio de Agustín, es únicamente la gracia de Dios y no cualquier acción o voluntad por parte del individuo lo que lleva a la salvación.

Agustín creía que nuestra libertad de albedrío para elegir el bien por encima del mal se perdió con el pecado de Adán. El pecado de Adán, que, en palabras de Agustín, está en la "naturaleza del semen del que fuimos propagados", trajo sufrimiento y muerte al mundo, nos arrebató nuestro libre albedrío, y nos dejó con una naturaleza inherentemente perversa.[4] Pecar ahora es inevitable. Si nosotros ocasionalmente hacemos el bien, se debe únicamente a la gracia irresistible. "Cuando, por lo tanto, el hombre vive conforme al hombre, no conforme a Dios, él es como el diablo", escribió Agustín.[5] Un individuo, según Agustín, tiene poco poder para influir en su destino predeterminado, y depende enteramente de Dios para la salvación.

La sexualidad humana, según Agustín, claramente demuestra una incapacidad humana para elegir al bien sobre el mal. Agustín basó esta creencia en su propia experiencia. Habiendo él mismo llevado una vida promiscua en su juventud durante la cual procreó y luego abandonó a un hijo ilegítimo, él pensaba que el sexo era intrínsecamente perverso. Él se quejaba del deseo sexual:

> *¿Quién puede controlar esto cuando su apetito es despertado? ¡Nadie! En el movimiento mismo de este apetito, entonces, no tiene 'modo' que responda a las decisiones de la voluntad... Sin embargo, lo que él desea no lo puede lograr... En el movimiento mismo de este apetito, no tiene 'modo' que corresponda a las decisiones de la voluntad.*[6]

Según Agustín, la voluntad humana carece totalmente de poder ya sea para ceder al deseo sexual o para suprimirlo:

> *Pero incluso aquellos que encuentran deleite en este placer no son movidos a él por su propia voluntad, ya sea que se limiten a los placeres legítimos o transgredan en los ilegítimos; pero a veces esta lujuria los importuna a pesar de ellos mismos, y a veces los abandona cuando desean sentirlo, de tal forma que*

> *aunque la lujuria ruja en la mente, no se agita en el*
> *cuerpo. Por ende, extrañamente, esta emoción no*
> *sólo no logra obedecer al deseo legítimo de engen-*
> *drar descendientes, sino que también se rehusa a*
> *servirle a la lujuria lasciva; y aunque con frecuencia*
> *opone toda su energía combinada en contra del alma*
> *que se resiste a ella, a veces también está dividida en*
> *contra de sí misma, y si bien mueve al alma, deja al*
> *cuerpo impasible.*[7]

"Esta excitación diabólica de los genitales", como Agustín se refería al sexo, es evidencia del pecado original de Adán, el cual ahora es transmitido "desde el vientre de la madre", corrompiendo a todos los seres humanos con el pecado y dejándolos incapaces de elegir el bien sobre el mal o determinar su propio destino.[8]

Las opiniones de Agustín con respecto a la sexualidad diferían tajantemente de las opiniones precristianas, que a menudo consideraban al sexo como una parte integral de la santidad de la vida. Sus opiniones, sin embargo, sí representaban las de muchos cristianos. Con excepción de algunos grupos heréticos menores, tales como los Carpocracianos gnósticos quienes exaltaban al sexo "como un vínculo entre todas las cosas creadas",[9] casi todos los cristianos pensaban que el sexo debía ser evitado excepto con fines de procreación. San Jerónimo advierte: "Considerad como veneno a todas las cosas que guarden dentro de sí la semilla del placer sensual."[10] En su libro *Adán, Eva y la Serpiente*, Elaine Pagels escribe:

> *Clemente (de Alejandría) excluye el coito oral y anal,*
> *y el coito con una esposa menstruando, preñada,*
> *estéril o menopáusica y en cuanto a eso, con la esposa*
> *de uno 'por la mañana', 'durante el día', o 'después*
> *de la cena'. Clemente advierte, en efecto, que 'ni*
> *siquiera por la noche, aunque en la oscuridad, es*
> *apropiado conducirse impúdica o indecentemente,*
> *pero con modestia, de tal forma que lo que suceda,*

*suceda bajo la luz de la razón...' pues incluso dicha
unión 'que es legítima aún es peligrosa, excepto en
cuanto se ocupe en la procreación de hijos.* "[11]
El sexo como un acto que otorga poder al individuo es una
amenaza para una religión empeñada en controlar a la sociedad.
Como Clemente dijo: "la lujuria no es fácil de restringir, puesto
que carece de miedo..."[12]
Negar el libre albedrío humano y condenar el placer sexual
hacía más fácil controlar y contener a la gente. Agustín escribió:

*...el hombre ha sido creado naturalmente de tal forma
que es ventajoso que él sea sumiso, pero desastroso
que siga su propia voluntad, y no la voluntad de su
creador...*[13]

Él creía que "el pecado (de Adán) fue un desprecio a la autoridad
de Dios... fue justo que la condenación viniera después..."[14]
Agustín le escribió al obispo de Roma en el año 416, advirtiéndo-
le que las ideas pelagianas debilitaban la base de la autoridad
episcopal y que apaciguar a los pelagianos pondría en peligro el
recién adquirido poder de la Iglesia Católica.[15] El obispo africano
Alipio, amigo de Agustín, trajo consigo 80 caballos a la corte
imperial como sobornos para persuadir a la Iglesia de ponerse
de parte de Agustín en contra de Pelagio. Agustín ganó. En abril
del año 418, el papa excomulgó a Pelagio. Desde entonces, la
Iglesia Católica ha abrazado la doctrina de transmisión heredi-
taria del pecado original.[16]

La Iglesia formuló su posición con respecto a la reencarnación en respuesta a la controversia en torno a Orígenes. Orígenes, un erudito cristiano, pensaba que el alma humana existe
antes de encarnar en un cuerpo físico, y luego pasa de un cuerpo
a otro hasta que se reúne con Dios, después de lo cual ya no
asume una forma física. Él creía que todas las almas a la larga
regresan a Dios. Pensaba que si bien Cristo podía acelerar
enormemente la reconciliación con Dios, tal reconciliación no
tendría lugar sin el esfuerzo del individuo. Puesto que la huma-

nidad había perdido el favor de Dios por voluntad propia, él argumentaba, así la humanidad debe también reunirse con Dios por su propia voluntad. Los ortodoxos se oponían a las teorías de Orígenes, insistiendo que dependían excesivamente en la auto-determinación individual.[17]

Los cristianos ortodoxos también pensaban que la teoría de la reencarnación minimizaba el papel de Jesucristo, restaba importancia a la necesidad de salvación en esta vida, y degradaba la naturaleza única de la resurrección de Cristo. La salvación de una persona, a juicio de los ortodoxos, depende no de la autodeterminación y el libre albedrío, como sugieren las teorías de Orígenes, sino únicamente en la aceptación de Jesucristo. Además, si una persona pudiera elegir reunirse con Dios en cualquiera de muchas vidas, entonces habría muy poco miedo a la condenación eterna —y el miedo era considerado esencial por los ortodoxos. La idea de Orígenes de que el alma es separable del cuerpo también parecía degradar la extraordinaria naturaleza de la resurrección de Cristo. Se entendía que el milagro de la resurrección de Cristo ofrecía la posibilidad de vencer a la muerte *física*. Sin embargo, si cada alma periódicamente vence a la muerte separándose de un cuerpo y entrando en otro, entonces la hazaña de Jesús no hubiese sido única.

El trabajo de Orígenes también desafiaba al control de la Iglesia sobre la búsqueda intelectual y espiritual. A pesar de citar meticulosamente las Escrituras para apoyar sus creencias, Orígenes encontró que las Escrituras proporcionaban una dirección limitada en ciertas áreas. Habiendo recibido la educación de un griego culto, Orígenes continuaba buscando respuestas tanto en la filosofía platónica como en su propia imaginación cuando las

---

3.1 San Agustín, el muy célebre Padre de la Iglesia. Sus ideas y argumentos dieron a la Iglesia doctrinas que negaban el libre albedrío humano, condenaban al sexo, y justificaban el uso de la fuerza con el fin de imponer obediencia a la Iglesia.

Escrituras eran infructuosas.[18] También Agustín había reflexionado sobre preguntas para las cuales las Escrituras ofrecían poca guía. Agustín preguntó, por ejemplo:

> ...¿y qué antes de esa vida otra vez, oh Dios alegría mía, estuve en algún lado o en algún cuerpo? Pues de esto no tengo a nadie para decirme, ni padre ni madre, ni experiencias de otros, ni mi propia memoria.[19]

Mientras que Orígenes continuó contemplando y explorando tales preguntas, Agustín se retiró de la indagación fuera de las Escrituras. Escribió:

> O quisiera saber esas cosas de las cuales soy ignorante en cuanto al origen del alma, o bien debería querer saber si no nos corresponde a nosotros aprender tales cosas mientras vivamos aquí en este mundo. Y sin embargo, qué si ésta es una de esas cosas que se nos dice: 'No procuréis las cosas que están demasiado altas para vos, y no busquéis dentro de las cosas que están por encima de vuestra habilidad: pero las cosas que Dios os ha ordenado, pensad en ellas siempre y con muchas de sus obras no seáis curioso. ' (Eclesiastés 3:22)[20]

Agustín llegó al grado de acariciar la idea de que antes de crear al mundo, Dios se había atareado en preparar un lugar de castigo para aquellos que tuviesen la audacia de cuestionar lo que había precedido a la creación.[21]

Aunque Orígenes murió en 284, el debate sobre sus teorías continuó hasta el año 553 cuando fue oficialmente anatematizado, o execrado, por el Segundo Concilio de Constantinopla. Al condenar a Orígenes, la Iglesia indirectamente se hizo cargo del asunto de la reencarnación. Los cristianos no debían creer en la existencia previa de las almas, en la existencia de la consciencia incorpórea, o en que una persona tiene más que esta única vida para recurrir al Dios cristiano sin estar sujeta a la condenación eterna. Además, los anatemas en contra de Orígenes sirvieron como otro recordatorio de que, independientemente de la sinceridad de su fe, uno debe siempre permanecer dentro de los límites ideológicos de las Escrituras.

Al hacerse cargo de la herejía donatista, la Iglesia estableció un precedente por usar la violencia para suprimir la disidencia. Cuando los donatistas exigieron niveles del clero más altos que la Iglesia Católica, su movimiento se extendió como reguero de pólvora, sobrepasando los donatistas en número a los católicos en Africa para mediados del siglo IV.[22] Habiendo mantenido por tanto tiempo que nadie debería ser forzado a creer en contra de su voluntad, Agustín trató de traer a los donatistas de regreso al rebaño católico a través de la discusión. Sin embargo, cuando las pláticas fracasaron, él recurrió a la fuerza, apelando a las recién establecidas leyes teodosianas contra la herejía. La Iglesia siguió su consejo y aplastó brutalmente el movimiento donatista.[23]

Al oponerse a los donatistas, Agustín expuso el principio *Cognite intrare*, "Obligadlos a entrar", que sería utilizado a todo lo largo de la Edad Media para justificar la violenta supresión de la disidencia y opresión de la diferencia, llevadas a cabo por la Iglesia. Agustín argüía:

> *Las heridas de un amigo son mejores que los besos de un enemigo. Amar con severidad es mejor que engañar con gentileza... en Lucas 14:23 está escrito: '¡Obliga a la gente a entrar!' Con amenazas de la ira de Dios, el Padre acarrea a las almas hacia el Hijo.*[24]

Incluso a principios del siglo XX, el Papa León XIII aún argumentaba que los fines justificaban a los medios:

> *La sentencia de muerte es un medio necesario y eficaz para que la Iglesia obtenga su fin cuando los rebeldes actúan en contra de ella y los alborotadores de la unidad eclesiástica, especialmente los herejes y heresiarcas obstinados, no pueden ser reprimidos mediante cualquier otra pena de continuar trastor-*

*nando el orden eclesiástico e incitando a otros a
cometer toda clase de crímenes... Cuando la perversidad de uno o varios está calculada para provocar la
ruina de muchos de sus hijos, está destinada eficazmente a eliminarla, de tal manera que si no existe otro
remedio para salvar a su gente, puede y debe dar
muerte a estos perversos hombres.*[25]

Otra controversia, la herejía maniquea, demostró la voluntad de la Iglesia de negar su propia ideología cuando era impo-
pular e improductiva. Iniciada por el persa Mani en el siglo III,
la teología maniquea es la consecuencia lógica de la creencia en
la supremacía singular. La creencia en un único Dios todopoderoso con frecuencia evoca la pregunta de por qué hay dolor y
maldad en el mundo. ¿Por qué un Dios todopoderoso que lo crea
todo, crea el sufrimiento humano? La respuesta más común es
que debe haber una fuerza, un poder o un dios opuesto creando
el mal; debe haber un diablo. Surge una teología dualística que
entiende a la vida como una lucha entre Dios y satanás, entre el
bien y el mal, y entre el espíritu y la materia. El concepto de un
diablo es exclusivo del monoteísmo; el mal es más fácil de
comprender y no se presenta la necesidad de un diablo cuando
hay muchos rostros de Dios. En su libro *Religión y la Decadencia
de la Magia*, Keith Thomas escribe sobre el judaísmo antiguo
premonoteísta:

*Los primeros judíos no tenían necesidad de personi-
ficar el principio del mal; podían atribuirlo a la
influencia de otras deidades rivales. Fue solamente el
triunfo del monoteísmo lo que tornó necesario explicar por qué habría de existir el mal en el mundo si
Dios era bueno. Por ende, el Diablo ayudó a mantener la noción de una divinidad perfecta.*[26]

Los maniqueos abrazaron la ideología cristiana ortodoxa
más completamente que la Iglesia Católica inicial. Ellos tomaron
seriamente la idea de que la espiritualidad y la santidad están

separadas del mundo físico. La creencia en la supremacía singular crea una jerarquía que separa a sus componentes, creando una división entre los cielos y la tierra, entre el espíritu y la materia. Los componentes en posición más alta en la jerarquía son considerados buenos; los componentes en posición más baja son considerados perversos. En conformidad con eso, los maniqueos abogaban por un riguroso ascetismo y retiro del mundo. Las mujeres, en vista de que tentaban a los hombres con los placeres terrenales del sexo y la familia, eran consideradas como parte de las fuerzas de satanás. Para estar más cercanos a Dios, los maniqueos creían que uno debía evitar cualquier cosa que lo atara a uno a la vida terrenal.

Aunque la Iglesia misma adoptaría justamente tal teología maniquea siglos más tarde durante la Reforma, en los primeros años por razones políticas no podía permitirse el abrazar plenamente tal monoteísmo. La Iglesia estaba luchando por incorporar a vastos números de personas que aún entendían al mundo dentro de un contexto pagano, panteístico y politeísta. La mayoría de la gente pensaba que todo dentro del mundo físico estaba imbuido de un sentido de lo divino, que había poca separación entre espíritu y materia, y que la divinidad estaba personificada en muchos rostros diferentes. Abogar por una renunciación completa al mundo físico como reino de satanás y abolir a todos los divinos personajes menos uno, habría conducido al fracaso seguro en los esfuerzos de la Iglesia por esparcir el cristianismo. Así que, a pesar de que aún mantenía la creencia en una supremacía singular y en su jerarquía implícita, la Iglesia también permitía el culto no sólo a la Santa Virgen María, sino también a una multitud de ángeles y santos. El maniqueísmo podía haber sido más consistente con la ideología ortodoxa, pero era políticamente imprudente. Los maniqueos y todos los otros que promovieron ideas similares en los siglos que siguieron fueron calificados como herejes.

Los principios formulados en respuesta a los primeros herejes proporcionó validación doctrinal al control de la Iglesia sobre el individuo y la sociedad. Al oponerse a Pelagio, la Iglesia adoptó la idea de Agustín de que las personas son inherentemente malas, incapaces de elegir, y por ende necesitan una autoridad fuerte. La sexualidad humana es considerada como evidencia de su naturaleza pecadora. Al reprobar las teorías de Orígenes sobre la reencarnación, la Iglesia sostuvo su creencia en la singular resurrección de Cristo, así como la creencia en que una persona tiene una sola vida en la cual obedecer a la Iglesia o arriesgarse a la condenación eterna. Con los donatistas, estableció el precedente del uso de la fuerza para imponer obediencia. Y con los maniqueos, la Iglesia demostró su voluntad de abandonar sus propias creencias por conveniencia política.

4
La Iglesia Toma el Mando: La Edad del Oscurantismo
500 - 1000 D.C.

L a Iglesia tuvo un impacto devastador en la sociedad. Conforme la Iglesia asumió el mando, la actividad en los campos de la medicina, la tecnología, la ciencia, la educación, la historia, el arte y el comercio prácticamente se desplomó. Europa entró en la Edad del Oscurantismo. Aunque la Iglesia amasó una inmensa fortuna durante estos siglos, la mayor parte de lo que define a la civilización desapareció.

El Imperio Romano occidental cayó durante el siglo V bajo ataques repetidos de los godos germánicos y los hunos, mientras que la provincia romana de Africa cayó en manos de los vándalos. Muchos inculparon al cristianismo. En el año 410, cuando los visigodos cristianos saquearon Roma, "la ciudad eterna" que se había mantenido durante 620 años, las críticas hacia la nueva religión se intensificaron. Uno de los trabajos más famosos de San Agustín, *La Ciudad de Dios*, fue escrita como defensa del cristianismo en contra de tales acusaciones.

Sin embargo, el Imperio Romano oriental, también llamado Imperio Bizantino, corrió con mejor suerte. Especialmente durante el gobierno del Emperador Justiniano (527-565), recobró gran parte de su poder, recuperó de los ostrogodos el control de Italia y recobró Africa de los vándalos. A Justiniano y a su esposa, Teodora, se les atribuye el mérito de la regeneración de la literatura, el arte, la arquitectura, así como la codificación de la Ley Romana. Pero esta floreciente cultura bizantina fue interrumpida cuando la peste bubónica, comenzando en el año 540, atacó con una virulencia desconocida en cualquier época de la historia humana ya sea antes o desde entonces. Tan sólo en Bizancio, se dice que la peste cobró 10,000 vidas diarias. La severidad de esta epidemia es difícil de comprender. Más tarde, la peste negra de los años 1300, que en opinión de algunos mató a un tercio de la población de Europa, cobró alrededor de 27 millones de vidas. En contraste, se piensa que la peste del siglo VI cobró 100 millones de vidas.[1] El Imperio Romano nunca se recuperó.

La peste tuvo un impacto bastante diferente sobre el cristianismo. Las personas acudían como en rebaños a la Iglesia, presas de terror.[2] La Iglesia explicaba que la peste era un acto de Dios, y que la enfermedad era un castigo para el pecado de no obedecer la autoridad de la Iglesia. La Iglesia señaló a Justiniano como hereje. Declaró como herejía al campo de la medicina griega y romana, inútil en la lucha contra la peste.[3] La peste, si bien aseguró la caída del Imperio Romano, fortaleció a la iglesia cristiana.

Después de la peste, la Iglesia dominó la disciplina formal de la medicina. La "sangría", utilizada para todas las dolencias, se convirtió en la práctica médica más común entre los siglos VI y VII. Los monjes cristianos enseñaban que el sangrar a una persona evitaría los desequilibrios tóxicos, evitaría el deseo sexual y restituiría los humores. Para el siglo XVI, esta práctica mataría a decenas de miles de personas cada año. No obstante, cuando una persona moría durante la sangría, sólo se lamentaba que el tratamiento no hubiese sido empezado antes y que no hubiese sido aplicado más agresivamente.[4]

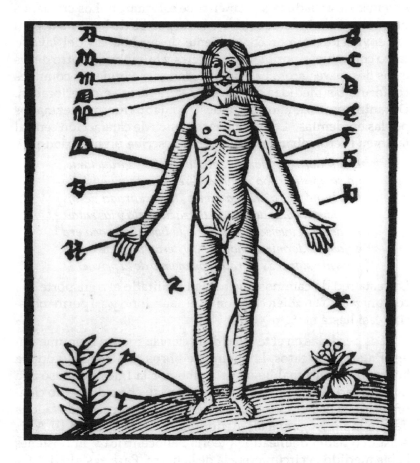

4.1 Una vez que los campos de la medicina griega y romana fueron declarados heréticos, la peligrosa práctica médica de la sangría se volvió común. Este grabado publicado en 1516 muestra los puntos en que habrían de practicarse las sangrías.

La tecnología desapareció conforme la Iglesia se convirtió en el poder más cohesivo en la sociedad occidental. Los extensos sistemas de acueductos y cañerías se esfumaron. Los cristianos ortodoxos enseñaban que todos los aspectos de la carne debían ser envilecidos y por consiguiente desaprobaban del lavado tanto como fuese posible. Los retretes y la cañería dentro de las casas desaparecieron. Las enfermedades se volvieron comunes conforme las medidas sanitarias y la higiene se deterioraban. Durante cientos de años, ciudades y poblados fueron diezmados por las epidemias.[5] Los sistemas romanos de calefacción central también fueron abandonados.[6] Como escribe un historiador:

> *Desde aproximadamente el año 500 D.C. en adelante,*
> *no se consideraba penuria el recostarse en el suelo*
> *por la noche, o en una banca dura retirada de las*
> *corrientes bajas de aire, la tierra húmeda y las ratas.*
> *Estar en el interior era suficiente lujo. Tampoco era*
> *enfadoso dormir apiñados muy cerca unos de otros,*
> *pues el calor era valorado por encima de la privacía.*[7]

La vasta red de caminos que habían facilitado el transporte y la comunicación también cayeron en el abandono y así permanecerían casi hasta el siglo XIX.[8]

Las pérdidas en el terreno de la ciencia fueron monumentales. En algunos casos, la quema de libros y la represión de la búsqueda intelectual llevadas a cabo por la Iglesia retrasó a la humanidad tanto como dos milenios en su entendimiento científico. Ya en el siglo VI A.C., Pitágoras había presentado la idea de que la tierra giraba alrededor del sol. Para el siglo III A.C., Aristarco había delineado la teoría heliocéntrica y Eratóstenes había medido la circunferencia de la tierra. Para el siglo II A.C., Hiparco había inventado la latitud y longitud y había determinado la oblicuidad de la eclíptica.[9] Después del comienzo de la Edad del Oscurantismo, sin embargo, no sería sino hasta el siglo XVI D.C. que Copérnico volvería a introducir la teoría de que la tierra gira alrededor del sol. Y cuando Galileo intentó promover la teoría heliocéntrica en el siglo XVII, fue juzgado por la Inquisición en Roma. No fue sino hasta 1965 que la Iglesia Católica Romana revocó su condena a Galileo. San Agustín hizo eco al entendimiento científico del mundo según la Iglesia:

> *Es imposible que existan habitantes en el lado opuesto de la tierra, puesto que no hay tal raza registrada en las Escrituras entre los descendientes de Adán.*[10]

La historia fue reescrita a fin de convertirla en una verificación de las creencias cristianas. Los cristianos ortodoxos consideraban que la historia era necesaria sólo para colocar los sucesos del pasado dentro del contexto bíblico. En palabras de Daniel Boorstin, "La historia se convirtió en una nota al pie para la ortodoxia."[11] Boorstin escribe en su libro *Los Descubridores*:

> *La prueba cristiana era una voluntad de creer en el único Jesucristo y Su Mensaje de salvación. Lo que se exigía no era la crítica sino la credulidad. Los Padres de la Iglesia observaron que en el reino del pensamiento sólo la herejía tenía una historia.*[12]

Durante el tiempo de Constantino, Eusebio de Cesarea se dedicó a reescribir la historia del mundo, para convertirla en una historia del cristianismo:

> *'Otros escritores de historia', escribió Eusebio, registraron la lucha en las guerras sostenidas 'por el bien de los niños y el país y otras posesiones. Pero nuestra narrativa del gobierno de Dios registrará con letras indelebles las guerras más pacíficas sostenidas en nombre de la paz del alma...* '[13]

La fe ciega reemplazó al espíritu de la investigación histórica. Uno debería confiar, como dijo Eusebio, "las palabras incontrovertibles del Maestro a sus discípulos: 'No estáis vosotros para conocer los tiempos ni las estaciones, que el Padre ha colocado en su propio poder.' "[14]

Aunque la Iglesia restringió la indagación histórica más severamente, continuó un proceso de reescribir la historia que había comenzado mucho tiempo antes. La arqueología del siglo XX está comenzando a revelar una imagen muy diferente de la historia humana que la que pudo haber sido relatada en la Roma precristiana. La idea de que la historia apenas comenzó hace 5,000 años es terriblemente inexacta. Durante la era neolítica después de que las personas pasaron de la caza y la recolección a la agricultura, particularmente entre 7000 y 4000 A.C., florecieron culturas de sorprendente sofisticación. El arte, la arquitectura, la planeación de ciudades, la danza, el teatro ritual, el comercio tanto por tierra como por mar, la escritura, las leyes y el gobierno eran bien conocidos para estos pueblos. Las primeras ideas de democracia originalmente se remontan no a los griegos sino mucho antes a esta era neolítica. Quizás lo más notable es que estas culturas no muestran evidencia de jerarquía como la conocemos; no conocían la guerra, la opresión organizada ni la esclavitud.[15]

El reescribir la historia para borrar el conocimiento de un pasado tal, ayudó a aquellos en el poder a desviar la crítica en contra de la situación actual. Representar a la sociedad humana como habiendo evolucionado continuamente en lugar de habiendo experimentado importantes contratiempos, da la impresión de que, por fea y violenta que sea la sociedad ahora, fue mucho más salvaje en el pasado. Por ejemplo, el discípulo de Agustín, Orosio, en sus *Siete Libros de Historia contra los Paganos* demostró que los males de la época no podían imputárseles al cristianismo porque otras épocas anteriores habían experimentado aún peores calamidades.[16] El distorsionar y reescribir la historia dio la impresión de que el cristianismo no sólo había elevado a la sociedad de épocas más severas y barbáricas, sino

---

4.2 Conforme la Iglesia se volvía más poderosa, los cristianos cerraban academias y quemaban libros además de bibliotecas enteras. Este grabado muestra a conversos de San Pablo quemando libros.

que una estructura social de jerarquía y dominación siempre había existido y, por lo tanto, era inevitable.

La iglesia cristiana tuvo un impacto similar en la educación y el aprendizaje. La Iglesia quemó cantidades enormes de literatura. En el año 391, los cristianos quemaron una de las bibliotecas más grandes del mundo en Alejandría, que según se dice albergaba 700,000 rollos.[17] Todos los libros del gnóstico Basílides, los 36 volúmenes de Porfirio, los pergaminos de papiro de 27 escuelas de los Misterios, y 270,000 documentos antiguos reunidos por Ptolomeo Filadelfio fueron quemados.[18] Las antiguas academias de aprendizaje fueron cerradas. La educación para cualquier persona fuera de la Iglesia llegó a su fin. Y la poca educación que hubo durante la Edad del Oscurantismo, si bien aún estaba limitada al clero, recibía el apoyo de poderosos reyes como un medio de proveerse de administradores capaces.[19]

La Iglesia se oponía al estudio de la gramática y el latín. El Papa Gregorio I, o Gregorio el Grande, un hombre considerado como uno de los arquitectos más grandes de la orden medieval,[20] desaprobaba el estudio gramatical. Escribió:

> Yo desprecio las construcciones y casos propios, porque considero muy indigno que las palabras del oráculo celestial deban ser restringidas por las reglas de Donato [un famoso gramático].[21]

Gregorio el Grande también censuró a la educación para todos excepto el clero como locura y perversidad. Prohibió a los legos leer incluso la Biblia. Mandó quemar la biblioteca del palatino Apolo "para que su literatura secular no distraiga a los fieles de la contemplación de los cielos."[22]

El Cuarto Concilio de Cartago en el año 398 prohibió a los obispos leer incluso los libros de los gentiles.[23] Jerónimo, un

---

4.3 San Gregorio el Grande, Papa de 590 a 604. Si bien fue mejor conocido por fortalecer la independencia del Papa del Emperador Bizantino, también quemó libros y restringió la lectura y la educación al clero.

Morali di san Gregorio papa vulgari in lingua toschana.

Padre de la Iglesia y previo monje del siglo IV, se regocijaba de que los autores clásicos estaban siendo olvidados. Y sus contemporáneos monásticos más jóvenes eran conocidos por alardear de su ignorancia de todo excepto literatura cristiana.[24] Después de que los cristianos se habían dedicado durante años a destruir libros y bibliotecas, San Juan Crisóstomo, el preeminente Padre griego de la Iglesia, orgullosamente declaró: "Todo rastro de la vieja filosofía y literatura del antiguo mundo ha desaparecido de la faz de la tierra."[25]

Las bibliotecas monásticas, las únicas bibliotecas que quedaban, estaban compuestas de libros de devoción. Hasta las bibliotecas monásticas más significativas tenían poco en existencia aparte de los libros sobre teología cristiana.[26] Si bien los monjes sí copiaban manuscritos, tal trabajo no era apreciado por su valor intrínseco sino más bien se consideraba como parte de la labor manual prescrita, necesaria en el esfuerzo de "luchar contra el diablo con pluma y tinta", en palabras del cristiano Casiodoro.[27] Copiar manuscritos, aunque dichos manuscritos fuesen clásicos, no necesariamente indicaba una apreciación del aprendizaje de los clásicos. Un historiador señala que la orden de Cluny seguía costumbres que daban a entender una falta de respeto hacia las obras clásicas. "Si un monje quería un libro durante las horas de silencio, hacía una seña de volver las hojas; si quería un libro clásico, se rascaba la oreja como perro."[28]

La Iglesia tuvo un impacto devastador sobre la expresión artística. Según el cristianismo ortodoxo, el arte debe acrecentar y promover los valores cristianos; no debe ser útil simplemente como exploración y expresión creativa de un individuo. Obras de arte nuevas que no concordaran con la ideología de la Iglesia no serían creadas otra vez sino hasta el Renacimiento. Las estatuas de mármol de la antigua Roma fueron demolidas, más notablemente por Gregorio el Grande, y convertidas en cal. Los mármoles y mosaicos arquitectónicos fueron ya sea convertidos en cal o se destinaron a adornar las catedrales por toda Europa y tan lejos como la Abadía de Westminster en Londres. La devastación de los trabajos en mármol explica las delgadas placas ornamentales con leyendas antiguas que aún se encuentran en muchas iglesias hoy en día.[29] El ascenso de la iglesia cristiana coincidió con una severa caída económica por todo el mundo occidental. La Iglesia poco hizo por alentar el comercio. Los cánones de Graciano incluyen un documento del siglo VI que declara: "Quienquiera que compre una cosa a fin de revenderla intacta, sin importar lo que sea, es como el mercader arrojado del Templo."[30] La Iglesia estigmatizó los préstamos de dinero con intereses, lo cual dificultó en extremo la obtención de fondos para las empresas económicas. Los contratos comerciales de la época indican que la Iglesia a veces intervenía y liberaba al deudor de sus obligaciones, debilitando aún más la posibilidad de que alguien quisiera prestar dinero.[31]

La Iglesia misma, sin embargo, era una de las pocas organizaciones lucrativas de la época. Como tal, proporcionaba una ocupación potencialmente lucrativa para muchos hombres. Dinero y poder desempeñaban un papel crítico en el ascenso de un hombre por la jerarquía de la Iglesia y contribuían a la desacreditada naturaleza de la Iglesia medieval. Se sabe de por lo menos cuarenta Papas diferentes que compraron su entrada al pontificado.[32] Abundaban los alegatos de asesinatos y crímenes dentro de la Iglesia conforme el pontificado cambiaba de manos con tanta frecuencia. En un período particular de cien años, más de cuarenta Papas entraron en funciones. Tan sólo en el período de doce años de 891 a 903, no menos de diez diferentes Papas asumieron el poder.[33]

La Iglesia amasó una excesiva riqueza durante la Edad del Oscurantismo. Las propiedades patrimoniales, las tierras en manos de la Iglesia que estaban libres y exentas de impuestos o de obligación militar al rey, constituían entre una cuarta y una tercera parte de Europa occidental.[34] Además del patrimonio, los obispos a menudo poseían territorios con tenencia feudal, obligándolos como cualquier conde o barón a proveer al rey de soldados cuando se les llamaba. La Iglesia ganó dinero cobrando dividendos a los gobernantes imperiales, confiscando propiedades como resultado de juicios de la corte, vendiendo la remisión de los pecados (llamado "indulgencias"), vendiendo cargos eclesiásticos (llamado "simonía"), y a veces simplemente tomando la tierra por la fuerza.[35]

Las alianzas con el estado eran esenciales para la influencia secular y la riqueza de la Iglesia. Sin embargo, a diferencia de la era del Imperio Romano, diversas fuerzas imperiales sostenían ahora el poder. Para el año 700, por ejemplo, el Oeste estaba dividido en cuatro reinos políticos. España era gobernada por los visigodos cristianos, que caerían ante los moros islámicos en 711-713. Los anglosajones gobernaban Inglaterra. Los francos gobernaban Galia. Italia estaba gobernada primordialmente por los lombardos, con algunas regiones aún en manos del Imperio Bizantino.[36] La nueva y más complicada alianza entre la Iglesia y los diversos gobernantes imperiales llegó a ser conocida como el Sacro Imperio Romano, y estaba mejor simbolizado por la coronación a manos del Papa de Carlomagno en el año 800 y del rey germano Otón I en el año 952.

Tanto la Iglesia como el estado obtuvieron provecho de su alianza. Los gobernantes imperiales proporcionaban no sólo recursos militares, sino también posiciones lucrativas para el clero. Al inspeccionar los asuntos administrativos de los gobernantes, los obispos se adjudicaban autoridad tanto militar como civil. Llegaron a ser tan poderosos y tan influyentes como el más grande de los señores feudales. EL historiador Jeffrey Burton Russell escribe:

> *El sistema era autoperpetuante: mientras más poder*
> *y riqueza tenían los obispos, más necesitaban los*
> *reyes designar a hombres leales; pero para asegurar*
> *y preservar la lealtad de tales hombres, los reyes*

tenían que otorgarles más poder y riqueza. No es sorprendente que los obispos mantuvieran la vista más atentamente sobre el trono que sobre la cruz.[37] En una era en la que prevalecía la creencia en el derecho divino de los reyes, el apoyo del Papa a un rey era considerado esencial. La Iglesia también aportó una apariencia de unidad a un reino imperial convirtiendo a su gente al cristianismo.

Estas extensas conversiones, sin embargo, por lo general eran poco más que una fachada. En una carta al emisario de la Gran Bretaña, San Agustín de Canterbury, el Papa Gregorio I señala su preocupación con la apariencia de que la gente se había convertido al cristianismo:

...la gente no tendrá necesidad de cambiar su lugar de concurrencia; mientras que antaño tenían la costumbre de sacrificar a su ganado para los demonios, más aún permitídles continuar acudiendo en el día del Santo al cual la Iglesia está dedicada, y matar a sus bestias, ya no como sacrificio a los demonios, sino para un almuerzo social en honor a Él, a quien ahora veneran.[38]

Aunque la Iglesia medieval produjo estragos en la mayoría de los campos de la vida, no efectuó cambios reales en la manera como la gente común percibía a Dios. Las continuas amonestaciones de la Iglesia en contra de las prácticas paganas indican cuán insubstanciales fueron la mayoría de las conversiones al cristianismo. Constantemente advertía en contra de las costumbres relacionadas con los árboles, la naturaleza y la creencia en la magia, ocasionalmente llegando al grado de demoler una iglesia después de descubrir que la gente en realidad veneraba a dioses y diosas más antiguos ahí.[39] Un decreto de la Iglesia del año 742 dice:

...cada profanación pagana deberá ser rechazada y desdeñada, se trate ya sea de sacrificios de los muer-

> *tos, o predicción y adivinación, o amuletos y augu-*
> *rios, o encantamientos, o la ofrenda de sacrificios —*
> *mediante (todos) los cuales las personas ignorantes*
> *llevan a cabo ritos paganos junto con los de la iglesia,*
> *encubiertos bajo los nombres de los sagrados márti-*
> *res y confesores.*[40]

Los manantiales sagrados fueron renombrados en honor a los santos y las iglesias construidas sobre los sitios de templos paganos, sin embargo la naturaleza de reverencia y veneración permaneció sin cambio.

La Iglesia desempeñó un papel crítico en llevar a Europa hacia la Edad del Oscurantismo. Su devastador impacto se sintió en casi todas las esferas del empeño humano. Irónicamente, la única área en donde la iglesia medieval tuvo un impacto poco profundo fue en cambiar la espiritualidad de la gente común. Si bien la mayoría de las personas adoptó una apariencia superficial de cristiano, ellos no cambiaron significativamente su comprensión o percepción de Dios.

5
La Iglesia Combate el Cambio: La Edad Media
1000 - 1500 D.C.

E l espíritu de la Edad Media puso a prueba la autoridad de la Iglesia ahora establecida. La Iglesia respondió reforzando su estructura autoritaria, haciendo valer la supremacía del Papa por encima de todos los poderes imperiales, y uniendo a Europa en contra de musulmanes, judíos y cristianos ortodoxos orientales. Cuando las cruzadas no lograron unificar a Europa bajo su control, la Iglesia atacó a cualquiera que percibía como enemigo: los prestamistas, los partidarios de la nación y los cátaros.

Dramáticos cambios después del fin del milenio anunciaron el período culminante de la Edad Media. Una sociedad agricultora comenzó a ceder el paso a aldeas de rápido crecimiento a medida que la población aumentó de un modo inigualado en el mundo occidental hasta los siglos XIX y XX.[1] Muchas más personas comenzaron a ganarse la vida en el comercio y la industria, dando origen a una nueva clase social de comerciantes y fabricantes.[2] Con frecuencia estos mercaderes servían de ejemplo de que mediante el ingenio, la actividad y la industria uno podía cambiar la suerte de uno en la vida. Los mercaderes también diseminaban la información y las ideas nuevas de los mundos árabe y griego al viajar por las rutas de comercio del norte de España y el sur de Italia.

Los clásicos latinos, en gran medida perdidos bajo el gobierno cristiano, fueron traducidos del árabe otra vez al latín. Cuando el trabajo de Aristóteles fue reintroducido al occidente, su ejemplo de pensamiento sistemático produjo el escolasticismo, disciplina que ponía a prueba la exigencia de la Iglesia de que uno aceptara sus aserciones sobre la fe ciega. Por ejemplo, Peter Abelard en el siglo XII usó el método escolástico para alentar la toma de decisiones individual, para cuestionar las aserciones autoritarias y para señalar las contradicciones en la doctrina y las Escrituras de la Iglesia.

El confinamiento de toda la educación y creatividad a los monasterios por parte de la Iglesia comenzó a romperse. No sólo fueron creadas escuelas laicas para proporcionar educación elemental a las clases mercantes y artesanas, también se formaron universidades en áreas urbanas como París, Oxford, Tolosa, Montpellier, Cambridge, Salerno, Bolonia y Salamanca.[3] La era fue testigo de épicas y romances literarios tales como *El Romance de la Rosa*, *La Canción del Cid*, *Los Caballeros de la Mesa Redonda del Rey Arturo*, el *Nibelungenlied*, y *La Divina Comedia* de Dante.[4] Los bufones de la corte proporcionaban fuentes contemporáneas de poesía y literatura vernácula. Un renovado interés en la arquitectura produjo la culminación del estilo románico y el comienzo de las hazañas artísticas y de ingeniería del estilo gótico. Incluso dentro de los monasterios del siglo XII, cobró vida el arte de la iluminación y ornamentación de manuscritos.[5] Arte, literatura, filosofía y arquitectura comenzaron a florecer de nuevo durante el período culminante de la Edad Media.

Habiendo prosperado y florecido mientras la sociedad permanecía sometida e inmóvil, la Iglesia ahora se resistía a los muchos cambios que tomaban lugar. Las prohibiciones papales en 1210 y 1215 restringieron la enseñanza de las obras de

Aristóteles en París. Para 1272, se prohibió la discusión de cualquier asunto puramente teológico.[6] San Bernardo de Clairvaux expresó el sentir de la Iglesia cuando se refirió al escolasticismo de Abelard: "todo (es) tratado en forma contraria a las costumbres y la tradición." Bernardo escribió:

> La fe de la simplicidad es burlada, los secretos de Cristo profanados; preguntas sobre las cosas supremas son formuladas con impertinencia, los Padres desdeñados porque estaban dispuestos a conciliar en vez de resolver tales problemas. El raciocinio humano está arrebatando todo para sí mismo, no dejando nada para la fe.[7]

La Iglesia demostró un desdén similar hacia el renacimiento de la literatura clásica. Como preguntaba en el siglo XII el cristiano Honorio de Autun:

> ¿Cómo se beneficia el alma con la lucha de Héctor, los argumentos de Platón, los poemas de Virgilio, o las elegías de Ovidio, quienes, con otros como ellos, ahora están haciendo crujir los dientes en la prisión de la infernal Babilonia, bajo la cruel tiranía de Plutón?[8]

La Iglesia juzgaba la poesía con particular desagrado, a veces clasificando a los poetas con los magos a quienes la Iglesia despreciaba. Las ilustraciones del *Hortus deliciarum* de Herrad de Landsberg en el siglo XII, por ejemplo, muestran a cuatro "poetas o magos", cada uno con un espíritu maligno impulsándolo.[9] Los clérigos insistían que también los bufones de la corte "no tienen utilidad o virtud alguna" y están "sin esperanza de salvación".[10]

Los cristianos ortodoxos expresaban desprecio por la floreciente creatividad y declararon que los partidarios de las artes eran libertinos y paganos. El explícito profeta dominicano del siglo XV Girolamo Savonarola creía que los poetas clásicos debían ser proscritos y que la ciencia, la cultura y la educación debía regresar enteramente a las manos de los monjes. Él escribió:

> *La única cosa buena que les debemos a Platón y a Aristóteles es que ellos presentaron muchos argumentos que nosotros podemos usar en contra de los herejes. Sin embargo, ellos y otros filósofos ahora están en el infierno... Sería bueno para la religión si muchos libros que parecen útiles fuesen destruidos. Cuando no había tantos libros ni tantos argumentos y disputas, la religión creció más rápidamente de lo que ha crecido desde entonces.*[11]

Savonarola llevó a cabo sus reformas morales en Florencia utilizando técnicas características de un estado policial: controlando la moralidad personal a través del espionaje de sirvientes y organizando bandas de hombres jóvenes para saquear los hogares de artículos que fuesen contradictorios a los ideales cristianos ortodoxos. Libros, particularmente los de poetas latinos e italianos, manuscritos iluminados, ornamentos femeninos, instrumentos musicales y pinturas fueron quemados en una enorme hoguera en 1497, destruyendo gran parte de la obra de la Florencia renacentista.

No obstante, abundaba la disidencia en la sociedad medieval. Muchos comenzaron a buscar una relación con Dios afuera de la Iglesia. La gente común de la Edad Media encontraba poco en la Iglesia con lo cual poder relacionarse. Las iglesias se habían vuelto más grandiosas y formales, enfatizando tajantemente la diferencia entre el clero y el laicado. En algunas iglesias, una mampara para el coro incluso segregaba a la congregación del altar. El lenguaje de la Misa, que en el siglo IV había sido cambiado del griego al latín a fin de que fuese comprendido más fácilmente, para fines del siglo VII era totalmente incomprensible para la mayoría de la gente, incluyendo muchos sacerdotes. Como resultado, los servicios religiosos a menudo eran un barboteo ininteligible que carecía absolutamente de significado para la congregación.[12]

La Iglesia, ahora enormemente rica, se interesaba más en recaudar dinero que en relacionarse con sus miembros. La preocupación de la Iglesia medieval por las riquezas era tal, que se decía que sus diez mandamientos habían sido reducidos a uno sólo: "Traed acá el dinero."[13] Los sacerdotes eran seleccionados más sobre la base de su dinero que de cualquier otra virtud. Surgió una gran desigualdad no sólo entre el clero y el laicado, sino también entre los rangos del clero. Los ingresos de un obispo acaudalado, por ejemplo, podían oscilar entre 300 veces hasta tanto como 1000 veces los ingresos de un vicario.[14] En el siglo XII la Iglesia prohibió al clero contraer matrimonio a fin de evitar que los bienes pasaran de manos de la Iglesia a las familias del clero.[15] La incongruencia de una organización extravagantemente acaudalada representando a los ideales de Jesucristo impulsó al edicto papal *Cum inter nonnullos* en 1326, el cual proclamaba que era herejía decir que Jesús y sus Apóstoles no poseyeron bien alguno.[16]

Aquellos que buscaban una conexión más significativa con Dios recurrían cada vez más a movimientos fuera de la Iglesia Católica. Estas herejías medievales exhibían una gran diversidad de pensamiento. Había sectas apocalípticas que estaban convencidas de que el mundo estaba llegando a su fin, tales como las sectas dirigidas por Tanchelin, Peter de Bruys, Enrique de Lausana y Arnoldo de Brescia. Otros grupos, como los valdenses y los lollardos, se anticiparon a los protestantes en su deseo por un apego más estricto a las Escrituras cristianas. Y aún otros grupos, como la Hermandad del Espíritu Libre, los tulupinos y los adamitas, abrazaban creencias panteístas y animísticas que percibían al mundo físico como estando enteramente impregnado de la presencia de Dios.[17] A finales del siglo XIV, Meister Eckhart cuestionó la necesidad misma de una iglesia. Escribió:

"Cuando el Reino aparece ante el alma y es reconocido, no hay más necesidad de sermones o de instrucción."[18]

Muchos herejes insistían en una relación directa con Dios. A pesar del peligro, tradujeron la Biblia a los lenguajes comunes o vernáculos que la gente laica podía entender. La simple posesión de tal Biblia era penable con la muerte.[19] En el espíritu de proveer imágenes con las que la gente pudiera relacionarse, la representación de Cristo también se volvió más humana y accesible. De las representaciones románicas de Jesús como el juez del universo rígido, hierático e inasequible, el arte gótico ahora lo mostraba más como un ser humano sufrido y compasivo.[20]

El culto a la Virgen floreció en la Edad Media. La Virgen María se convirtió en una figura a la que uno podía recurrir en busca de perdón y que podía protestar el juicio y la ley inexorable de Dios. En su libro *La Virgen*, Geoffrey Ashe cuenta de las historias que ilustran su bondad y compasión:

> *Un ladrón le reza antes de salir a robar, y cuando es colgado, ella lo sostiene en el aire hasta que el verdugo reconoce el milagro y lo deja vivir.*

> *Una monja que abandona su convento para hundirse en el vicio, pero continúa rezándole a María, regresa por fin para encontrar que María ha tomado su lugar y nadie se ha percatado de su ausencia.*[21]

Letanías completas eran dedicadas a la Virgen María. Las más grandiosas catedrales medievales le fueron dedicadas: en París, Chartres, Reims, Amiens, Ruán, Bayeux, Coutances, Noyon y Laon.[22] Ella adquirió nombres como "recipiente espiritual", "causa de nuestra alegría", "Arca de la Alianza" y "Sede de Sabiduría". Chaucer se refiere a ella como la "Reina todapoderosa y toda misericordiosa".[23] Una figura de madera pintada de la Madona y el niño por un artista germano del siglo XIV da indicios de la veneración medieval hacia esta imagen femenina de la divinidad. Cuando se abre su figura, la Madona muestra contener a la Trinidad entera.[24]

La Iglesia respondió, no tratando de satisfacer las necesidades de la gente, sino fortaleciendo su propia estructura autoritaria, desarrollando su propio sistema judicial, y haciendo valer más enérgicamente su supremacía sobre todo. El pontificado extendió su concilio administrativo y consultivo denominado la curia, aumentó su reglamento de los obispos, comenzó otra vez a convocar concilios y, más significativamente, utilizó enviados papales. Los enviados papales eran oficiales que podían anular la autoridad de obispos y arzobispos, erosionando eficazmente la autoridad local de los obispos y poniendo a los monasterios más directamente bajo el control papal.[25]

La Iglesia desarrolló su propio sistema de derecho para reclamar autoridad en los asuntos seculares. El restablecimiento del derecho civil, derivado del derecho romano y germánico, había estado reemplazando a muchas costumbres feudales y facilitando el comercio al establecer principios con aplicaciones más amplias que las costumbres rurales que podían diferir con cada localidad.[26] El derecho romano, sin embargo, no reconocía al Papa. Para el año 1149, San Bernardo se había dado cuenta de la amenaza implícita que el derecho civil representaba para la Iglesia, y se quejó de que las cortes resonaban con las leyes de Justiniano en lugar de las de Dios.[27] Para 1219, el Papa había prohibido a los sacerdotes estudiar el derecho romano y había prohibido enteramente su enseñanza en la Universidad de París.[28]

En su lugar, la Iglesia redactó su propio sistema denominado derecho canónico. Ivo de Chartres en el siglo XI y Graciano en el siglo XII adaptaron la mayor parte de decretos y cartas desorganizados y a menudo incompatibles, volviéndolos códigos amplios que afirmaban la supremacía del Papa. Sin embargo, si por acaso el Papa mismo encontrara inconvenientes estas leyes, le era permitido bajo este mismo derecho canónico prescindir de ellas en cualquier momento. Los tribunales eclesiásticos reclamaban jurisdicción sobre todos los casos en que los

PAGINA ANTERIOR: Figura 5.1 Este grabado en madera del siglo XV muestra la naturaleza nutricia y protectora que se atribuía a la Virgen María.

ARRIBA: Figura 5.2 Este grabado en madera, también del siglo XV, de manera similar muestra a la Madona como una protectora. Con la ayuda de los ángeles, ella resguarda a la gente de las flechas de Dios.

intereses de la Iglesia estuvieran en juego, como los concernientes a los diezmos, emolumentos, donativos y legados. Para proteger lo suyo, la Iglesia reclamaba el derecho de someter a juicio a todos los miembros del clero.[29] La Iglesia también reclamaba jurisdicción sobre cualquier asunto perteneciente a algún sacramento o juramento. Como señala un historiador: "difícilmente había límite para la intervención [de la Iglesia]; pues en la sociedad medieval casi todo estaba conectado con un sacramento o dependía de un juramento."[30]

Muchos de los esfuerzos de la Iglesia por sistematizar y añadir crédito al derecho canónico se enfocaban en establecer la supremacía del Papa sobre los poderes imperiales. La teoría de la "plenitud del poder" le otorgó al Papa como el vicario de Cristo autoridad plena sobre los asuntos tanto seculares como espirituales. Le permitió prohibir la distribución de sacramentos dentro de un reino imperial y tanto excomulgar como destituir a un rey.[31] Los mandatos del derecho canónico invalidaban la ordenación de los Papas designados imperialmente, llamados antipapas, y cualesquier miembros del clero ordenados como resultado de tales Papas designados imperialmente.

Cartas antiguas fueron "descubiertas" e incorporadas al derecho canónico como evidencia de la supremacía del Papa sobre los poderes imperiales. Una de dichas cartas, la "Donación de Constantino", aparentando ser una carta del Emperador Constantino al Papa Silvestre en la que Constantino le atribuye su poder al Papa. Se lee: "Nosotros otorgamos a... Silvestre, el Papa Universal... la ciudad de Roma y todas las provincias, 'distritos y ciudades de Italia y las regiones occidentales..."[32] Para el siglo XVI, estas cartas fueron expuestas como falsificaciones totales.

El Papa llegó a involucrarse cada vez más en dirigir los conflictos políticos y la conquista de las tierras. El Papa Bonifacio VIII escribió al Emperador Alberto de Austria: "Nosotros donamos a vosotros, en la plenitud de nuestro poder, el reino de

Francia, que pertenece por derecho a los Emperadores de Occidente."[33] En su carta al Rey Enrique II de Inglaterra, el Papa del siglo XII Adriano IV sancionó la invasión inglesa de Irlanda. Escribió:

> *No se pone en duda, y usted lo sabe, que Irlanda y todas esas islas que han recibido la fe, pertenecen a la Iglesia de Roma; si desea entrar en esa Isla, para expulsar el vicio de ahí, para causar que al ley sea obedecida y los Dineros de San Pedro sean pagados por cada casa, nos complacerá asignársela a usted.*[34]

El historiador Philip Schaff describe las acciones del pontificado medieval:

> *Destituir príncipes, eximir a los súbditos de la lealtad, fomentar activamente la rebelión en contraste con Federico II, desviar las tierras como en el sur de Francia, obsequiar coronas, extorsionar el pago de tributos mediante amenazas de los castigos eclesiásticos más severos, castigar a los disidentes religiosos con prisión perpetua o entregarlos a las autoridades seculares, sabiendo que la muerte sería el castigo, enviar y consagrar a los ejércitos en cruzada, e invadir los dominios de la corte civil, usurpar su autoridad y anular el código de una nación, como en el caso de la Carta Magna, — éstas eran las altas prerrogativas ejercitadas en la actualidad por el pontificado.*[35]

El deseo papal de poder se tornó insaciable. Considerándose ellos mismos superiores a todos los demás mortales, los Papas afirmaban no sólo que cada persona estaba sujeta a la autoridad papal, sino que el Papa mismo le respondía a nadie sino Dios. En 1302, el Papa Bonifacio expidió el edicto *Unam Sanctam*:

> *Por lo tanto, si el poder terrenal erra, será juzgado por el poder espiritual... pero si el poder espiritual supremo erra sólo podrá ser juzgado por Dios, y no*

> *por el hombre... Por lo tanto declaramos, manifesta-*
> *mos, definimos y pronunciamos que es del todo nece-*
> *sario para la salvación de cada criatura humana ser*
> *súbdito del pontífice romano.*[36]

Comprensiblemente, estallaron argumentos sobre quién sería Papa y sostendría tal poder. En lo que se denominó el Gran Cisma, dos líneas separadas de Papas, una viviendo en Roma y la otra en Aviñón, reinaron de 1378 a 1417. Discrepaban, no sobre los asuntos concernientes a la ideología cristiana o las prácticas religiosas, sino sobre política y quién debía reinar.

Otro medio por el cual la Iglesia respondió a la época fue un intento por enfocar la atención lejos de los tumultuosos cambios sociales y hacia un enemigo externo. En el año 1095, el Papa Urbano II exhortó a los caballeros de Europa a unirse y marchar a Jerusalén para salvar a la tierra santa del islámico infiel. Las cruzadas proporcionaron una oportunidad de acrecentar en alto grado la influencia de la Iglesia Católica. También sirvieron para un propósito político mucho más cercano a casa. Cuando el Papa inició la primera cruzada en el año 1095, muchos de los poderes imperiales estaban fuera de la Iglesia: el Rey de Francia, el Rey de Inglaterra y el Emperador Germánico.[37] Las cruzadas fueron un medio para unir gran parte de Europa en nombre del cristianismo.

Atrapados en su sentido de rectitud, los cruzados atacaron brutalmente a los enemigos de la Iglesia. El Papa Gregorio VII había declarado: "Maldito sea el hombre que impide que su espada derrame sangre."[38] El cronista Raymond de Aguilers describió la escena cuando una banda de cruzados masacraron tanto musulmanes como judíos en Jerusalén en 1099:

> *Cosas maravillosas habrían de ser vistas. Muchos de*
> *los sarracenos fueron decapitados... Otros fueron*
> *ejecutados con flechas, o forzados a saltar desde las*
> *torres; otros fueron torturados durante varios días, y*
> *luego quemados en las llamas. En las calles se veían*

*pilas de cabezas y manos y pies. Uno cabalgaba por
todos lados entre los cadáveres de hombres y caballos. En el templo de Salomón, los caballos iban
vadeando en sangre hasta las rodillas, mejor dicho,
hasta la brida. Fue un justo y maravilloso juicio de
Dios, que este sitio debiera llenarse con la sangre de
infieles.*[39]

Nicetas Choniates, un cronista bizantino, escribió: "Hasta los
sarracenos (los musulmanes) son misericordiosos y gentiles
comparados con estos hombres que llevan la cruz de Cristo
sobre sus hombros."[40]

Otro enemigo en la mirilla de las cruzadas era la Iglesia
Oriental con base en Constantinopla. Las culturas de oriente y
occidente habían estado apartándose durante siglos. Habiendo
mantenido más respeto por las artes, la literatura y la educación,
la cultura oriental parecía más sofisticada que la occidental. El
oriente había preservado reverentemente los escritos de los
griegos antiguos. El griego seguía siendo la lengua oficial de las
leyes, el gobierno, la Iglesia Oriental y la literatura oriental. En
occidente, sin embargo, incluso el alfabeto griego se perdió.
Como escribe el historiador Charles H. Haskins: "en manos del
escribiente medieval, una palabra griega se vuelve monserga o
es omitida, y la palabra *grecum* intercalada en su lugar — para él,
todo 'estaba en griego'."[41] A partir de fines de los años 700, las dos
culturas comenzaron a utilizar acuñaciones distintas.[42] La dispa-
ridad entre las dos culturas creció a medida que cada una de las
iglesias desarrolló sus propias formas de ritos cristianos. Celebraban la Pascua en días diferentes. Diferían en sus perspectivas
con respecto al uso de íconos, y en el orden de la Santísima
Trinidad en el Credo Niceno.[43] Oriente y occidente tenían ahora
muy poco en común fuera de que ambos se consideraban cristianos.

En el año 1054, después de que los intentos por reconciliar las
diferencias entre Roma y Constantinopla fracasaron, las dos

ramas del cristianismo formalizaron su separación. Para una Iglesia Romana que afirmaba vigorosamente su supremacía sobre todos, sin embargo, tal separación era considerada una afrenta y un rechazo de la autoridad del Papa. Con la ayuda de sacerdotes que alentaban la idea de que los cismáticos griegos eran los secuaces de satanás y culpables de todas las desdichas, la Cruzada del Pueblo de 1096 saqueó Belgrado, la principal ciudad imperial después de Constantinopla.[44] Un cronista griego escribió sobre el Papa:

> ...él deseaba obligarnos a reconocer la primacía del Papa entre todos los prelados y a conmemorar su nombre en oraciones públicas, bajo pena de muerte contra quienes se rehusan.[45]

Más tarde en 1204, el Papa Inocencio III envió a un grupo de cruzados a Constantinopla. Los soldados de Cristo embistieron Constantinopla con extremo, saqueando, despojando y quemando la ciudad.[46] Según el cronista Geoffrey Villehardouin, jamás desde la creación del mundo se había despojado de tanto botín a una ciudad.[47] La respuesta del Papa para el Emperador griego:

> ...creemos que los griegos han sido castigados por medio de (las cruzadas) por el justo juicio de Dios: estos griegos que se han esforzado por arrancar el Manto Inconsútil de Jesucristo... Aquellos que no quisieron unirse a Noé en su arca perecieron justamente en el diluvio; y éstos han sufrido justamente carestía y hambre quienes no quisieron recibir como su pastor al bendito Pedro, Príncipe de los Apóstoles...[48]

5.3 El Papa Urbano pregonando las cruzadas. Si bien el propósito evidente de las cruzadas era rescatar la tierra santa de manos de los infieles, las cruzadas también ayudaron a unificar a los europeos bajo el estandarte del cristianismo y a apartar la crítica del pontificado.

Para el Papa, el saqueo de Constantinopla fue castigo justo por no someterse a la Iglesia Católica Romana. Los pasajes bíblicos apoyaban su posición: "Y también a aquellos mis enemigos que no querían que yo reinase sobre ellos, traedlos acá, y decapitadlos delante de mí."[49] Después del ataque, un patriarca latino súbdito del Papa gobernó sobre el dominio hasta 1261.[50] Constantinopla, sin embargo, quedó severamente debilitada y en el año 1435 fue conquistada por los turcos.

En los aproximadamente 200 años de cruzadas, miles, si no millones, fueron asesinados. Los cruzados invasores destruían en gran medida de la misma manera como la Iglesia lo había hecho al principio de la Edad del Oscurantismo. Quemaban cualquier libro que encontraban.[51] Pergaminos hebreos como los 12,000 volúmenes del Talmud y las obras de Maimonides fueron quemados.[52] Si bien saqueaban y pillaban con extremo, a menudo los cruzados no podían transportar cosa alguna en el difícil viaje a casa. Aunque las cruzadas en efecto suscitaron momentos de solidaridad al reunirse los europeos en nombre del cristianismo, estuvieron muy lejos de cumplir todas sus otras intenciones. Las cruzadas no lograron ganar más que un control fugaz de Jerusalén, y no lograron enriquecer a sus cruzados. Lejos de ganar conversos para la Iglesia Católica Romana, las cruzadas difundieron una amarga animosidad que aún persiste hoy en día.[53]

Los judíos europeos a menudo eran las primeras víctimas de una cruzada. Pero la persecución cristiana de judíos continuó mucho tiempo después de terminadas las cruzadas. Los judíos se convirtieron en los chivos expiatorios de muchos problemas que la Iglesia no podía resolver. Cuando, por ejemplo, la peste negra, la peste bubónica, atacó en el siglo XIV, la Iglesia explicó que los judíos eran los culpables e impulsó ataques contra ellos.[54] Se desarrolló todo un folklore que afirmaba que los judíos

---

5.4 Una representación de los cruzados entrando a Constantinopla.

secuestraban y comían niños cristianos en rituales judíos de canibalismo, y que los judíos robaron y profanaron los benditos sacramentos cristianos. Estos eran los mismos cuentos que los romanos alguna vez relataron sobre los odiados cristianos, los mismos cuentos que los cristianos relatarían sobre las brujas, y los mismos cuentos que los protestantes dirían de los católicos.[55] Los pogromos, el saqueo y la destrucción de sinagogas y ghettos judíos, se volvieron una demostración común de probidad cristiana.

Los judíos eran blanco fácil pues nunca habían sido aceptados por la sociedad cristiana. Bajo el sistema feudal, una ceremonia de investidura que implicaba un juramento cristiano excluía a los judíos de trabajar la tierra y los envió al comercio y a los oficios manuales en los poblados. Sin embargo, con el rápido crecimiento de población de los siglos XI y XII y la consecuente afluencia de gente hacia las ciudades, se establecieron gremios artesanales, cada uno con su propio santo patrono. De nuevo los judíos fueron alejados de los oficios manuales hacia los campos que restaban: la banca, el cambio de dinero y los préstamos de dinero.[56] La persecución de judíos, por lo tanto, también se convirtió en un medio conveniente de deshacerse de los acreedores de uno. Los reyes endeudados asumían argumentos religiosos para justificar su confiscación de bienes judíos y la expulsión de judíos de sus dominios.[57]

Cualquiera que tuviera poder se convertía en blanco probable para la Iglesia. Los Caballeros del Temple, un grupo formado originalmente para proteger a los cruzados, ganaron influencia política y se hicieron famosos como prestamistas confiables.[58] También se pensaba que ellos habían traído consigo los misterios gnósticos, cabalísticos e islámicos. Amenazados por el creciente poder político de los templarios, sospechando de sus creencias religiosas aparentemente independientes, y celosos de su riqueza, tanto la Iglesia como los reyes tenían razones para perseguirlos. Al igual que con los judíos, comenzaron a circular historias increíbles acerca de los templarios, incluyendo relatos de una iniciación ritual que incluía negar a Cristo, a Dios y a la Virgen, y escupir, pisotear y orinar sobre la cruz. Acusados de homosexualidad, de matar niños ilegítimos y de brujería, los templarios fueron asesinados y sus bienes fueron confiscados.[59]

La Iglesia se encontraba reñida con una colección aparentemente interminable de gente durante la Edad Media. Reaccionó con gran rapidez y fuerza para extinguir las primeras semillas de nacionalismo y deseos de independencia de Roma. Cuando surgieron disputas sobre el pago de tributos en 1275, el Papa excomulgó a la ciudad entera de Florencia.[60] Y cuando un grupo de ciudades-estado italianas más pequeñas organizaron una rebelión en contra del control papal en 1375, el enviado del Papa en Italia, Roberto de Ginebra, contrató a una banda mercenaria para reconquistar el área. Después de no lograr tomar la ciudad de Bolonia, esta banda atacó Cessna, ciudad más pequeña.[61]

Jurando clemencia mediante un juramento solemne sobre su sombrero de cardenal, el Cardenal Roberto persuadió a los hombres de Cessna a bajar las armas, y se ganó su confianza pidiendo 50 rehenes e inmediatamente liberándolos como evidencia de buena voluntad. Luego convocando a sus mercenarios... ordenó una masacre general 'para ejercer justicia'. ...Durante tres días y noches comenzando el 3 de febrero de 1377, estando cerradas las puertas de la ciudad, los soldados llevaron a cabo la matanza. 'Todas las plazas estaban llenas de muertos.' Tratando de escapar, cientos se ahogaron en los fosos, empujados por las implacables espadas. Las mujeres eran capturadas para violarlas, se pedía recompensa por los niños, el pillaje siguió a la matanza, las obras de arte fueron arruinadas, las artesanías fueron devastadas, 'y lo que no podían llevarse, lo quemaban, lo volvían inútil para el uso o lo regaban sobre el suelo.' El número de muertos fue entre 2,500 y 5000.[62]

Roberto de Ginebra fue nombrado Papa tres años después, en 1378, y se convirtió en Clemente VII.[63]

A juzgar por la ferocidad de su ataque sobre un grupo llamado los cátaros, la Iglesia se sintió mucho más amenazada por esta herejía que por cualquier otra en la historia. El catarismo prosperó en el sur de Francia, área entonces conocida como Langedoc. Distinta política y culturalmente del norte, Langedoc era tolerante con las diferencias. Muchas razas convivían armoniosamente — griegos, fenicios, judíos y musulmanes. Los judíos no sólo eran libres de persecución, también sostenían posiciones administrativas y consultivas con los señores e incluso los prelados. Había menos distinción de clases, una forma más ligera de servidumbre, poblados más libres, y un sistema judicial basado en el derecho romano.[64] En ningún otro lugar eran tan educados los ciudadanos.[65] La cultura y el comercio florecieron, convirtiéndola en una de las regiones más prósperas de Europa.

El catarismo incorporaba diversos elementos religiosos. Existe evidencia de una fuerte conexión entre el catarismo, las comunidades musulmanas sufíes y la tradición cabalística judía.[66] Las mujeres ejercían como sacerdotes y podían administrar hasta el rito más importante, el *consolamentum*.[67] Los cátaros estaban cercanamente ligados a los trovadores, escritores de poesía romántica, y se pensaba que creían que Dios estaba manifiesto en los colores y los sonidos de la naturaleza.[68] Recibían el agrado y la protección tanto de las clases superiores como de sus vecinos católicos hasta tal grado que, cuando la Iglesia Católica Romana atacó posteriormente, muchos católicos eligieron morir en lugar de entregar a sus vecinos cataranos a la Iglesia.[69]

Respondiendo a la creciente popularidad de los cátaros, la Iglesia Católica los acusó de las perversidades normales: profanación de la cruz y los sacramentos, canibalismo, renunciación a Cristo y orgías sexuales.[70] Y sin embargo, el católico San

Bernardo, quien difícilmente era amigo de los cátaros, dijo sobre ellos:

> *Si se les interroga, nada puede ser más cristiano; en cuanto a su conversación, nada puede ser menos reprobable, y lo que dicen lo demuestran con hechos. En cuanto a la moral del hereje, él no engaña a nadie,*

5.5 Inocencio III, Papa de 1198 a 1216.

no oprime a nadie, no golpea a nadie; sus mejillas
están pálidas por el ayuno, no come del pan del ocio,
sus manos trabajan para ganarse la vida.[71]

El hacer circular historias escandalosas de las atrocidades cataranas poco hizo para frenar la popularidad de los cátaros o para contener la ola de tolerancia y pensamiento libre. Haciendo caso omiso a una de las más severas sentencias de la Iglesia, el pueblo de Viterbo incluso eligió como tesorero a un hereje excomulgado.[72]

En el año 1139, la Iglesia empezó a convocar concilios para condenar a los cátaros y a todo aquél que los apoyara.[73] Para 1179, Alejandro III proclamó una cruzada contra estos enemigos de la Iglesia, prometiendo dos años de indulgencia, o liberación del castigo por los pecados, a todos los que tomaran las armas, y salvación eterna para cualquiera que muriese. Si bien esto estableció un precedente por proveer a la Iglesia de una milicia guerrera que luchara en las peleas privadas de la Iglesia,[74] no logró reunir fuerzas en contra de los populares cátaros. Entonces, en 1204, el Papa Inocencio III destruyó lo que quedaba de la independencia de las iglesias locales cuando armó a sus enviados con la autoridad "para destruir, derribar o arrancar lo que haya de ser destruido, derribado o arrancado y plantar y construir lo que haya de ser construido o plantado."[75] En 1208, cuando Inocencio III ofreció, además de indulgencias y salvación eterna, las tierras y los bienes de los herejes y sus partidarios a cualquiera que tomara las armas, comenzó la cruzada Albigense para masacrar a los cátaros.

La brutalidad del ataque de treinta años de duración diezmó a Langedoc. Tan sólo en la catedral de San Nazair 12,000 personas fueron asesinadas. El Obispo Folque de Tolosa mandó matar a 10,000.[76] Cuando los cruzados atacaron el pueblo de Beziers y se le preguntó al enviado al mando, Arnaud, cómo distinguir al católico del cátaro, éste respondió: "¡Matádlos a todos, pues Dios conoce a los suyos!"[77] Ni un sólo niño se salvó. Un historiador escribió que "incluso los muertos no estaban a salvo del deshonor, y las peores humillaciones fueron prodigadas sobre las mujeres."[78] El total de asesinados en Beziers, según reportes de los enviados papales, fue de 20,000; según otros cronistas, el número de muertos fue entre 60,000 y 100,000.[79] La cruzada Albigense mató a un millón estimado de personas, no sólo cátaros, sino gran parte de la población del sur de Francia. Más tarde, con su población casi aniquilada, sus edificios en ruinas y su economía destruida, las tierras del sur de Francia fueron anexadas al norte.

Atrincherada en su estructura autoritaria y consumida por la creencia en su propia supremacía, la Iglesia Católica fue incapaz de responder al rápido crecimiento y a los cambios de la sociedad medieval. En cambio exigía obediencia a los mandatos del Papa. Cuando las cruzadas contra los infieles musulmanes, griegos y judíos no lograron suscitar una unión duradera bajo el estandarte del cristianismo, la Iglesia arremetió más cerca de casa, atacando a cualquiera que amenazara su poder o desobedeciera sus órdenes. Su cruzada Albigense de treinta años introdujo un periodo de quinientos años de represión brutal, con una duración y un alcance sin paralelo en el mundo occidental.

Controlando el Espíritu Humano:
La Inquisición y la Esclavitud
1250 - 1800 D.C.

No ha existido algún otro esfuerzo organizado por alguna religión por controlar a la gente y contener su espiritualidad que la Inquisición cristiana. Desarrollada dentro de la propia estructura legal de la Iglesia, la Inquisición intentó llevar a la gente hacia la obediencia mediante el terror. Como el inquisidor Francisco Peña declaró en 1578: "Debemos recordar que el principal propósito del juicio y la ejecución no es salvar el alma del acusado sino lograr el bien público e infundir miedo a otros."[1] La Inquisición cobró innumerables vidas humanas en Europa y por todo el mundo al seguir el paso de los misioneros. Y junto con la tiranía de la Inquisición, los miembros de la iglesia también trajeron justificación religiosa para la práctica de la esclavitud.

El espíritu rebelde del periodo culminante de la Edad Media pareció únicamente exacerbar la exigencia de la Iglesia de obediencia incondicional. La interpretación de Dios por parte de la Iglesia habría de ser la única interpretación. No debía haber discusión ni debate. Como dijo el inquisidor Bernardo Gui, el laico no debía discutir con el infiel, sino "meter con fuerza su espada en el vientre del hombre, tan profundamente como se pueda."[2] En una época de ideas florecientes sobre la espiritualidad, la Iglesia insistía en que era la única vía por medio de la cual se le permitía a uno aprender sobre Dios. El Papa Inocencio III declaró "que cualquiera que intentara construir una perspectiva personal de Dios que estuviese en pugna con el dogma de la Iglesia debe ser quemado sin piedad."[3]

Antes de que la Inquisición estuviera plenamente encaminada, la Iglesia recibía a los herejes de vuelta a su rebaño bajo términos que consideraba razonables. Lo siguiente es un ejemplo de tales términos:

> Durante tres domingos el penitente habrá de ser descubierto hasta la cintura y flagelado por el sacerdote desde la entrada del pueblo... hasta la puerta de la iglesia. Deberá abstenerse por siempre de carne y huevos y queso, excepto en la Pascua, Pentecostés y Navidad, cuando habrá de comerlos como signo de abnegación por sus errores maniqueos. Durante dos veintenas de días, dos veces al año, habrá de renunciar al pescado, y durante tres días de cada semana al pescado, vino y aceite, ayunando si su salud y sus labores lo permiten. Habrá de vestir ropajes monásticos, con una pequeña cruz cosida en cada pecho. Si es posible, habrá de escuchar misa diariamente y en días festivos acudir a la iglesia las vísperas. Siete veces al día habrá de recitar las horas canónicas, y además el paternóster diez veces cada día y veinte veces cada noche. Habrá de guardar la más estricta castidad. Cada vez habrá de mostrar este papel al sacerdote, quien habrá de vigilar su cumplimiento muy de cerca, y este modo de vida habrá de mantenerse hasta que el enviado considere apropiado alterarlo, mientras que por infracción de la penitencia él habrá de ser considerado como un perjuro y un hereje, y habrá de ser segregado de la sociedad de los fieles.[4]

Pocos herejes regresaban a la Iglesia de propio acuerdo. La Iglesia recurrió a su propio derecho canónico para autenticar una entidad que pudiera imponer adhesión a la autoridad de la Iglesia. En 1231, el Papa Gregorio IX estableció la Inquisición como un tribunal separado, independiente de obispos y prelados. Sus administradores, los inquisidores, habrían de responderle únicamente al Papa.[5] Su ley inquisitorial reemplazó la tradición de derecho común de "inocente hasta probarse culpable" con "culpable hasta probarse inocente".[6] A pesar de un juicio ostensible, el procedimiento inquisitorial no dejaba posibilidad alguna para que el sospechoso probara su inocencia; el proceso resultaba en la condena de cualquiera que fuese apenas sospechable de herejía.[7] Al acusado se le negaba el derecho a asesoría legal.[8] No se daban detalles en cuanto al momento o lugar de las sospechadas herejías, o en cuanto a qué clase de herejías se sospechaban. La sospecha de amistad con un hereje convicto también era un crimen, y sin embargo no se proporcionaba información alguna en cuanto a cuál hereje había "adorado" el acusado. Los nombres de los testigos acusadores eran mantenidos en secreto.[9] El único recurso de uno era apelar al Papa en Roma, lo cual era tan fútil que resultaba ridículo.[10] El fraile Bernard Delicieux declaró:

> ...que si San Pedro y San Pablo fuesen acusados de 'adorar' herejes y fuesen enjuiciados conforme al método de la Inquisición, no habría defensa alguna abierta para ellos.[11]

El inquisidor dirigía el procedimiento inquisitorial como acusador y juez. Si bien técnicamente él debía alcanzar su decisión después de consultar con una asamblea de expertos de su propia elección, este freno a su poder pronto fue abandonado.[12] Un inquisidor era seleccionado primordialmente con base en su ahínco por enjuiciar herejes.[13] A él y sus asistentes, mensajeros y espías se les permitía portar armas. Y en el año 1245, el Papa le otorgó el derecho de absolver a dichos asistentes de

cualquier acto de violencia.[14] Este acto hizo que la Inquisición, de por sí ya libre de cualquier jurisdicción secular, fuese irresponsable incluso para los tribunales eclesiásticos.

Los inquisidores se hicieron muy ricos. Recibían sobornos y multas anuales de los ricos que pagaban para escapar a las acusaciones.[15] La Inquisición se adueñaba de todo el dinero y los bienes de los presuntos herejes.[16] Ya que había muy poca probabilidad de que el acusado fuese probado inocente, no había necesidad de esperar hasta la condena para confiscar sus bienes.[17] A diferencia del derecho romano que reservaba una porción de los bienes para los herederos más cercanos del convicto, el derecho canónico e inquisitorial no dejaba nada. El Papa Inocencio III había explicado que Dios castigaba a los hijos por los pecados de sus padres. Por lo tanto, a no ser que los hijos se hubiesen presentado espontáneamente para denunciar a sus padres, se quedaban sin un centavo. Los inquisidores incluso acusaban de herejía a los muertos, a veces hasta setenta años después de su muerte. Exhumaban y quemaban los huesos del presunto hereje, y luego confiscaban todos los bienes de sus herederos.[18]

Los inquisidores rara vez compartían el dinero recaudado con las cortes episcopales, el gobierno civil, y tampoco lo invertían en la construcción de iglesias, como se planeaba.[19] Un historiador escribe cómo el inquisidor a menudo era capaz de "apropiarse de todo para sí mismo, ni siquiera enviando una parte a los oficiales de la Inquisición en Roma."[20] Los inquisidores eran renuentes a pagar incluso el costo de alimentar a sus víctimas, exhortando a que las familias o la comunidad pagasen dichos costos. Difícilmente fue coincidencia que la vehemencia de la Inquisición en alguna región dada era proporcional a las oportunidades de confiscación.[21]

6.1 Los inquisidores presidían como acusadores y jueces, dejando muy pocas posibilidades para que alguien acusado de herejía fuese alguna vez probado inocente.

Irónicamente, los inquisidores eran elegidos con mayor frecuencia de las ordenes dominicana y franciscana, las cuales originalmente profesaban votos de pobreza. La Iglesia poco hizo por alentar su ideal de pobreza. A pesar de considerar como un santo al fundador franciscano, Francisco de Asís, la Iglesia perseguía a los seguidores de Francisco que mantenían sus ideas de pobreza, conocidos como Frailecillos o "Franciscanos Espirituales". La Iglesia acusó a los Frailecillos de "falsos y perniciosos", y en 1315 los excomulgó.[22] El Papa Martín V ordenó que su poblado de Magnalata fuese echado por tierra y que cada residente fuese asesinado.[23] Los franciscanos que abandonaron las enseñanzas de Francisco, sin embargo, a menudo eran designados como inquisidores. Si bien no aprobaba abiertamente la avaricia y corrupción de la Inquisición, la Iglesia poco hizo por detenerla.

La Inquisición tuvo un impacto económico devastador. Aparte de apropiarse directamente de los bienes de mercaderes exitosos acusándolos de herejía, los inquisidores incapacitaban el comercio al sostener que ciertas operaciones eran sospechosas. Por ejemplo, los mapas y los cartógrafos, tan esenciales para los comerciantes y mercaderes navegantes, eran tenidos bajo gran sospecha. Los inquisidores creían que la palabra impresa era un canal para la herejía, entorpeciendo así la comunicación producida por la invención de la imprenta en el siglo XV.[24] La mera sospecha de herejía anulaba todos los derechos del individuo sospechoso.[25] Al ser acusado, todas las deudas del hereje y cualquier derecho de retención que asegurara dichas deudas se volvían nulas e inválidas. El historiador Henry Charles Lea escribe:

> *Puesto que ningún hombre podía estar seguro de la ortodoxia de otro, será evidente cuánta desconfianza debe haber sido arrojada sobre incluso las transacciones más comunes de la vida. Las influencias dañinas de esto en el desarrollo del comercio y la industria*

pueden ser fácilmente percibidas, llegando como lo hizo en una época en que el movimiento comercial e industrial de Europa estaba comenzando a anunciar el amanecer de la cultura moderna.[26] Si bien los inquisidores mismos prosperaron, su actividad dejó empobrecidas a las comunidades.

La Inquisición era despiadada con sus víctimas. El mismo hombre que había sido tanto acusador como juez decidía la sentencia. En 1244, el Concilio de Narbona ordenó que al sentenciar a los herejes, ningún esposo debía ser eximido debido a su esposa, ninguna esposa debido a su esposo, y ningún padre debido a los hijos desvalidos, y que ninguna sentencia debía ser atenuada debido a enfermedad o vejez.[27] Todas y cada una de las sentencias incluían flagelación.

De las sentencias, las peregrinaciones eran consideradas las más livianas. Sin embargo, emprendidas a pie, tales penitencias podían tomar años, durante los cuales la familia del penitente podía morir.[28] Acarreando un mayor estigma que las peregrinaciones estaba el "portar las cruces", también conocido como *poena confusibilis* o "castigo humillante". Se requería que los penitentes portaran grandes cruces de color azafrán en el frente y la espalda, lo cual los sometía al ridículo público y obstaculizaba cualquier esfuerzo por ganarse la vida.[29] Una sentencia más frecuente era la prisión perpetua, que siempre acarreaba una dieta magra de pan y agua, a veces significaba ser mantenido encadenado, y ocasionalmente acarreaba el aislamiento total. La expectativa de vida en todas las sentencias de prisión era muy corta.[30]

La sentencia más severa, ser quemado en la hoguera, era aplicada a quienes fracasaban en su penitencia previa, o recaían en herejía, o no confesaban crimen alguno. Aunque la Iglesia había comenzado a matar herejes a fines del siglo IV y otra vez en 1022 en Orlean, los estatutos papales de 1231 ahora insistían que los herejes sufrieran la muerte por fuego.[31] Matar a las personas en la hoguera técnicamente evitaba que se derramase una sola gota de sangre. Se entendía que las palabras del evangelio de Juan consentían la quema: "El que no se quede en mí, será arrojado afuera y se secará como ramas muertas; hay que recogerlas y echarlas al fuego, donde arden."[32] La Iglesia se distanció del asesinato entregando a los herejes a las autoridades seculares para la quema en sí. A dichas autoridades seculares, sin embargo, no se les permitía rehusarse. Cuando el Senado de Venecia en 1521 rehusó aprobar tales ejecuciones, por ejemplo, el Papa León X escribió que los oficiales seculares debían:

> ...no intervenir más en este tipo de juicio, sino prontamente, sin cambiar o inspeccionar las sentencias hechas por los jueces eclesiásticos, para ejecutar las sentencias que están prescritos a llevar a cabo. Y si se niegan o rehusan, usted (el enviado papal) deberá forzarlos con la censura de la Iglesia y otras medidas apropiadas. Para esta orden no existe apelación.[33]

En la práctica, cualesquier autoridades seculares que se rehusaban a cooperar eran excomulgadas y estaban sujetas al mismo tratamiento que los herejes sospechables.[34]

Con mucho, el aspecto más cruel del sistema inquisitorial era el medio para suscitar las confesiones: la cámara de torturas. La tortura permaneció como opción legal para la Iglesia desde el año 1252 cuando fue consentida por el Papa Inocencio IV, hasta el año 1917 cuando el nuevo *Codex Juris Canonici* fue puesto en vigor.[35] Inocencio IV autorizó demoras indefinidas para asegurar las confesiones, otorgando a los inquisidores tanto tiempo como quisieran para torturar a los acusados.[36] A pesar de que la letra de la ley prohibía repetir la tortura, los inquisidores fácilmente evitaban esta regla simplemente "continuando" la tortura, llamando suspensión a cualquier intervalo.[37] En 1262, se otorgó la autoridad a los inquisidores y sus asistentes para absolverse mutuamente en silencio del crimen de derramamiento de sangre.[38] Ellos simplemente explicaban que los torturados habían muerto porque el diablo les había roto el cuello.

Así, con la licencia otorgada por el Papa mismo, los inquisidores tuvieron la libertad de explorar las profundidades del horror y la crueldad. Vestidos como espíritus malignos de túnicas negras con capuchas negras sobre la cabeza, los inquisidores extraían confesiones de casi cualquier persona. La Inquisición inventó todos los artefactos concebibles para infligir dolor desmembrando y dislocando el cuerpo. Muchos de estos artefactos tenían la inscripción: "Que la gloria sea sólo para Dios."[39] El potro de tormento y las torturas en la cabria y con agua eran las más comunes. Las víctimas eran untadas con manteca o grasa y lentamente asadas vivas.[40] Los hornos construidos para matar gente, que adquirieron una notoriedad infame en la Alemania nazi del siglo XX, inicialmente fueron utilizados por la Inquisición cristiana en Europa occidental.[41] Las víctimas eran arrojadas en un foso lleno de serpientes y enterradas vivas. Una tortura particularmente horrenda implicaba colocar al revés un plato grande lleno de ratones sobre el estómago desnudo de la víctima. Se encendía entonces un fuego encima del plato, causando que los ratones se llenaran de pánico y cavaran un hoyo en el estómago.[42] Si acaso una víctima soportaba tal dolor sin confesar, sería quemada viva en la hoguera, frecuentemente en quemas públicas en masa llamadas *auto-da-fé*.[43]

Escritos contemporáneos hacen eco al terror creado por la Inquisición. Juan de Marianna reportó en la década de 1490 que las personas:

> *...eran privadas de la libertad de escuchar y hablar libremente, puesto que en todas las ciudades, aldeas y poblados había personas colocadas para dar información de lo que ocurría. Esto era considerado por algunos como la más funesta esclavitud e igual a la muerte.*[44]

Un escritor en 1538 describió la vida en la ciudad española de Toledo:

> *...los predicadores no se atreven a predicar, y aquellos que predican no se atreven a tocar los asuntos contenciosos, pues sus vidas y su honor están en boca de dos ignorantes, y nadie en esta vida carece de su guardia... Poco a poco muchos hombres ricos abandonan el país hacia reinos extranjeros, a fin de no vivir toda su vida con miedo y temblando cada vez que un oficial de la Inquisición entra en su casa; pues el miedo continuo es una peor muerte que un fallecimiento repentino.*[45]

La Inquisición a menudo dirigía sus ataques hacia los miembros de otras religiones con tanta severidad como lo hacía con los herejes. La Inquisición ahora prestaba su autoridad a la vieja persecución cristiana de los judíos. Particularmente durante la celebración cristiana de la Semana Santa de la Pasión, los cristianos frecuentemente se amotinaban contra los judíos o se rehusaban a venderles alimentos con la esperanza de matarlos de hambre.[46] A principios del siglo XIII, el Papa Inocencio III exigió a los judíos que portaran ropas distintivas.[47] En 1391, el Archidiácono de Sevilla lanzó una "Guerra Santa contra los judíos".[49] Para 1492 la Inquisición en España había llegado a ser tan virulenta en su persecución de judíos que exigió o bien su conversión al cristianismo o su expulsión. Los musulmanes tuvieron una experiencia ligeramente mejor. No fue sorprendente que los países islámicos ofrecieran santuarios mucho más seguros para los judíos en escape que las tierras cristianas.

Los historiadores con frecuencia han aminorado la responsabilidad cristiana por la Inquisición dividiendo a la Inquisición

---

6.2 Una quema en masa o *auto-da-fé*. Como declaró un inquisidor: "Debemos recordar que el principal propósito del juicio y la ejecución no es salvar el alma del acusado sino lograr el bien público e infundir miedo a otros."[48]

en tres fases separadas: la medieval, la Española y la Romana. Se piensa que la mayor influencia secular de los reyes Fernando e Isabel separa a la Inquisición Española de la medieval. Sin embargo, el dirigente más influyente de la Inquisición Española, el dominicano Tomás de Torquemada, fue designado Inquisidor General por el Papa Sixto IV. Los judíos fueron expulsados de España, no por motivos lucrativos (había pocas ganancias económicas en el destierro de una comunidad numerosa cuyos impuestos eran pagados directamente a la monarquía), sino por el miedo a que los judíos contaminaran a la sociedad cristiana.[50] La Inquisición Romana difiere de la medieval principalmente por haber sido renombrada. En 1542, el Papa Paulo III reasignó la Inquisición medieval a la Congregación de la Inquisición o Santo Oficio. Cada fase era idéntica, sin embargo, en su exigencia de absoluta sumisión del individuo a la autoridad, una exigencia cuyas raíces estaban en la convicción ortodoxa de que Dios de manera similar demanda obediencia incondicional.

La tiranía inherente en la creencia en la supremacía singular acompañó a los exploradores y misioneros por todo el mundo. Cuando Colón pisó tierra en América en 1492, lo confundió con India y llamó "indios" a los pobladores nativos. Fue su propósito reconocido de "convertir a los indios paganos a nuestra Santa Fe"[51] lo que garantizó la esclavitud y exportación de miles de nativos americanos. El que tal tratamiento resultara en completo genocidio no importó tanto como el haber dado a estos nativos la oportunidad de vida eterna a través de su exposición al cristianismo.[52] El mismo estilo de pensamiento también le otorgó licencia a los occidentales de violar mujeres. En sus propias palabras, Colón describió cómo él mismo "tomó [su] placer" con una mujer nativa después de azotarla "firmemente" con un pedazo de cuerda.[53]

6.3 Una pintura de Cristóbal Colón desembarcando en el Nuevo Mundo. Su **conversión de los habitantes** nativos al cristianismo pareció justificar las **atrocidades** cometidas en contra de ellos.

La Inquisición pronto les siguió los pasos. Para 1570, la Inquisición había establecido un tribunal independiente en Perú y en la ciudad de México con el propósito de "liberar la tierra, que ha sido contaminada por judíos y herejes."[54] Los nativos que no se convertían al cristianismo eran quemados como cualquier otro hereje.[55] La Inquisición se extendió tan lejos como Goa, India, en donde a fines del siglo XVI y principios del siglo XVII cobró no menos de 3,800 vidas.[56]

Incluso sin la presencia de la Inquisición formal, el comportamiento misionero claramente ilustraba la creencia en la supremacía de una *imagen* singular de Dios, no en la supremacía de una sola divinidad que todo lo abarca. Si la imagen de Dios venerada en una tierra extraña no era cristiana, simplemente no era divina. Los misioneros portugueses en el Lejano Oriente destruyeron pagodas, forzaron a los eruditos a esconder sus manuscritos religiosos, y suprimieron las costumbres más antiguas.[57] Escribanos mayas en Centro América redactaron:

> *Antes de la llegada de los españoles, no había robo ni violencia. La invasión española fue el comienzo del tributo, el comienzo de las contribuciones a la iglesia, el comienzo de la lucha.*[58]

En 1614 el Shogun de Japón, Iyeyazu, acusó a los misioneros de "querer cambiar al gobierno del país y convertirse a sí mismos en los amos de la tierra."[59]

Sin entendimiento alguno de la supremacía y autoridad compartidas, los misioneros peleaban entre ellos al igual que lo habían hecho los primeros cristianos ortodoxos que habían "querido mandar unos sobre otros" y codiciaban "el poder de unos sobre otros".[60] En Japón y en China, los dominicanos pelearon cruelmente con los jesuitas. En el Cercano Oriente, los

---

6.4 Algunos misioneros sentían que tenían derecho de matar a los habitantes nativos que rehusaban convertirse al cristianismo o someterse a la Iglesia.

franciscanos pelearon con los capuchinos. Y en India, los jesuitas pelearon varias guerras contra los capuchinos.[61] Un jefe séneca preguntó a un misionero moravo en 1805: "Si existe tan sólo una religión, ¿por qué ustedes los blancos tienen tantos desacuerdos al respecto?"[62]

Los misioneros a menudo tomaban parte en la explotación inescrupulosa de tierras extranjeras. Muchos se volvían misioneros para enriquecerse rápidamente y luego regresar a Europa a vivir de sus ganancias. En México se sabía que dominicanos, agustinos y jesuitas eran dueños de "los rebaños más grandes de ovejas, los mejores ingenios azucareros, las haciendas mejor conservadas..."[63] La Iglesia, particularmente en Suramérica, apoyaba la esclavitud de habitantes nativos y el robo de tierras nativas. Una Bula pontificia de 1493 justificaba la declaración de guerra a cualquier nativo en Suramérica que rehusara adherirse al cristianismo.[64] Como el jurista Encisco afirmó en 1509:

> *El rey tiene todo el derecho de enviar a sus hombres a las Indias para exigir su territorio de estos idólatras porque lo había recibido del Papa. Si los indios se rehusan, él puede de manera bastante legal luchar contra ellos, matarlos y esclavizarlos, tal y como Josué esclavizó a los habitantes de la tierra de Canaán.*[65]

Los cristianos ortodoxos defendían la esclavitud como parte del orden jerárquico por mandato divino. Pasajes de la Biblia apoyan la institución de la esclavitud:

> *Los esclavos que tengas serán de las naciones vecinas, de ellas podrás adquirir esclavos y esclavas. También podrán comprarlos entre los hijos de los extranjeros que viven con ustedes y de sus familias que están entre ustedes, es decir, de los que hayan nacido entre ustedes. Esos pueden ser propiedad de ustedes, y los dejarán en herencia a sus hijos después de ustedes como propiedad perpetua.*[66]

San Pablo ordenó a los esclavos obedecer a sus amos.[67] Anteriormente, San Juan Crisóstomo escribió:

> *El esclavo deberá resignarse a su suerte, obedeciendo a su amo está obedeciendo a Dios...*[68]

Y en *La Ciudad de Dios*, San Agustín escribió:

> *...la esclavitud ahora es de carácter penal y planeada por esa ley que ordena la preservación del orden natural y prohibe el disturbio.*[69]

Si bien había misioneros que reconocían la humanidad de los nativos americanos y trabajaban con ahínco por mejorar su suerte, pocos reconocían una injusticia inherente en la idea de la esclavitud. Incluso el bien conocido jesuita Antonio Vieira, quien fue encarcelado por la Inquisición por su trabajo a favor de los habitantes nativos, abogaba por la importación de africanos negros para servir como esclavos de los pobladores coloniales. Y él aún consideraba a los fugitivos de la esclavitud culpables de pecado y merecedores de ser excomulgados.[70]

El cristianismo ortodoxo también apoyaba la práctica de la esclavitud en Norteamérica. La Iglesia Anglicana en el siglo XVIII afirmó claramente que el cristianismo liberaba a la gente de la condena eterna, no de las ataduras de la esclavitud. El Obispo de Londres, Edmund Gibson, escribió:

> *La Libertad que otorga el Cristianismo, es una Libertad de la Esclavitud del Pecado y de Satanás, y del Dominio de las Lujurias y Pasiones y Deseos inmoderados del Hombre; pero en cuanto a su Condición externa, sea cual fuere antes, ya sea esclavos o libres; el ser bautizados, y el convertirse en Cristianos, de ninguna manera hace un Cambio en ello.*[71]

Sin embargo, los esclavos debían ser convertidos al cristianismo, se argumentaba, porque entonces ellos se volverían más dóciles y obedientes.[72]

Tanto la Inquisición como aquellos que apoyaban la práctica de la esclavitud se apoyaban en la misma justificación religiosa. De conformidad con la creencia cristiana ortodoxa en un Dios único y temeroso que gobierna en la cúspide de la jerarquía, el poder residía exclusivamente en la autoridad, no en el individuo. La obediencia y la sumisión eran valoradas por encima de la libertad y la autodeterminación. La Inquisición representó las consecuencias más oscuras de tal sistema de creencias conforme encarcelaba y asesinaba los cuerpos y espíritus de incontables personas — y no simplemente por un lapso breve de tiempo. La Inquisición abarcó siglos, y todavía estaba activa en algunos lugares incluso hasta 1834.[73]

7
La Reforma:
Convirtiendo al Pueblo
1500 - 1700 D.C.

Tanto la Reforma Protestante como la Contrarreforma Católica intentaron depurar al cristianismo de elementos precristianos y paganos. Mientras que la Iglesia medieval había abrazado la ideología ortodoxa en teoría, en la práctica se había preocupado mucho más por amasar riqueza e imponer obediencia social que por dirigir la espiritualidad de la gente común. Los reformadores ahora se dedicaban a enseñar un mejor entendimiento del cristianismo ortodoxo a la población europea. Asustando a la gente con historias del diablo y el peligro de la magia, convencieron a la gente a creer en un Dios autoritario que exigía disciplina, lucha, y la renunciación del placer físico.

Protestando contra una Iglesia que se preocupaba más por recaudar dinero que por enseñar las escrituras, Martín Lutero encendió la Reforma Protestante. Cuando colocó sus 95 tesis en la puerta de la iglesia de su pueblo en 1517, Lutero expresó un difundido resentimiento hacia la Iglesia. Su protesta encontró apoyo entre los campesinos explotados, entre quienes abogaban por la independencia del Sacro Imperio Romano, y entre quienes

se disgustaban por el dinero enviado a la Iglesia en Roma y las inmensas propiedades en bienes raíces de la Iglesia. El protestantismo pronto se extendió por Alemania, Suiza, los Países Bajos, Inglaterra, Escocia, los Reinos Escandinavos, así como partes de Francia, Hungría y Polonia.

La Iglesia Católica respondió con su propia Reforma, llamada la Contrarreforma, centrada alrededor de las decisiones y los cánones del Concilio de Trento reunido entre 1545 y 1563. La animosidad entre protestantes y católicos desató una serie de guerras civiles en Francia e Inglaterra, así como la sangrienta Guerra de Treinta Años que involucró a Alemania, Suecia, Francia, Dinamarca, Inglaterra, Holanda, y el Sacro Imperio Romano representado por los Hapsburgo. Que ambos lados se consideraran cristianos no mitigó el derramamiento de sangre. El 24 de agosto de 1572, por ejemplo, en lo que se conoce como la masacre del Día de San Bartolomé, 10,000 protestantes fueron asesinados en Francia. El Papa Gregorio XIII escribió a Carlos IX de Francia: "Nos regocijamos con vosotros que con la ayuda de Dios vosotros habéis librado al mundo de estos horrendos herejes."[1]

Sin embargo, tanto protestantes como católicos se preocupaban por establecer un cristianismo basado en ideología ortodoxa. Los protestantes condujeron este esfuerzo abogando por una adhesión más estricta a las escrituras. Ayudado por la imprenta, el mensaje protestante demostró más uniformidad y era menos probable de ser adaptado a creencias paganas más antiguas.[2] Los dogmas más severos del Antiguo Testamento asumieron una mayor prominencia. En lugar de invocar la participación de Dios como asistente en la vida, como muchos habían continuado haciendo, los protestantes creían que uno debía preocuparse más con la súplica y la obediencia a la

---

7.1 Una representación de Martín Lutero quemando la Bula Pontificia. Sus protestas contra la Iglesia Católica iniciaron la Reforma Protestante.

7.2 y 7.3 Representaciones de la masacre de protestantes en Calabria (izquierda) y la masacre del Día de San Bartolomé (arriba). La presencia de dos ramas importantes del cristianismo, cada una convencida de que el suyo era el único sendero verdadero hacia Dios, convirtió a Europa en una carnicería.

voluntad soberana de Dios. Jesús debía ser visto, no como un ser humano con quien relacionarse, sino como parte de Dios todopoderoso. Algunos protestantes incluso negaban que Jesús hubiese tomado un cuerpo biológicamente humano; la suya había sido una "carne celestial".[3]

Los protestantes consideraban la adoración de santos y de María, que tenían un tono intensamente personal, como una forma de idolatría y una disminución de la victoria de Jesús sin ayuda. Ellos creían que un individuo debía desarrollar una relación con Dios estrictamente a través de la palabra de las escrituras en lugar de a través de las imágenes humanizadas de Jesús, María, los santos, o incluso a través de símbolos. Muy similar a la manera en que los cristianos del siglo IV destruyeron las imágenes y los sitios sagrados de tradiciones más antiguas, así ahora turbas protestantes, incitados por predicadores y con la aprobación de la autoridad pública, destruían las imágenes de los santos.[4] A pesar de que el protestantismo negaba con vehemencia la necesidad de la Iglesia como intermediaria entre el individuo y Dios, eliminó la mayoría de los medios a través de los cuales una relación directa y personal pudiese desarrollarse.

Los reformadores católicos también disminuyeron la veneración de los santos. Los santos ahora habrían de ser vistos como figuras heroicas y modelos de virtud más que como amigos o benefactores.[5] Pero la Iglesia Católica estaba renuente a desprenderse de la autoridad que había construido durante siglos. En efecto, la fe cristiana debía estar basada en la Biblia, pero — como declaró el Concilio de Trento — la Biblia era esclarecida mejor por "los testimonios de sagrados padres y concilios aprobados, el juicio y consenso de la Iglesia."[6] Los católicos tampoco deseaban prescindir de la naturaleza ritualista y sacramental de los oficios religiosos. Algunos protestantes, por otro lado, rechazaban por completo los ritos y sacramentos, insistiendo en que uno debía experimentar a Dios estrictamente a través de la prédica o la lectura de las Escrituras.[7]

Los dirigentes protestantes abrazaban fervientemente las ideas de San Agustín sobre el libre albedrío y la predestinación: que la caída en desgracia de Adán había dejado a la humanidad inherentemente imperfecta, incapaz de actuar correctamente, y por ende dependiendo enteramente de la misericordia de Dios. La salvación ahora era posible sólo a través de la gracia de Dios, no a través de la determinación individual. "El libre albedrío después de la Caída es tan sólo una palabra", dijo Lutero en 1518. "Incluso haciendo lo que le corresponde, el hombre peca mortalmente."[8] La mayoría de los católicos creía que si bien el pecado de Adán nos había inclinado hacia la maldad y había disminuido nuestro libre albedrío, su pecado no había destruido nuestro libre albedrío por completo. El Cuarto Canon del Concilio de Trento dice:

> *Si alguien dice que el libre albedrío del hombre, movido y estimulado por Dios, no puede cooperar en absoluto otorgando su consentimiento a Dios cuando lo estimula y lo llama... y que no puede disentir, si así lo desea, pero al igual que una criatura inanimada está absolutamente inerte y pasivo, dejadlo ser anatema.*[9]

A pesar de que los protestantes carecían de la jerarquía católica organizada para demarcar quién era mejor a quién, ellos continuaron clasificando a los seres humanos. Martín Lutero creía que las diferencias de género, clase, raza y creencia indicaban estados de ser superiores e inferiores. En 1533 escribió: "Las niñas comienzan a hablar y a pararse sobre sus pies más pronto que los niños porque las yerbas siempre crecen más aprisa que las buenas cosechas."[10] En 1525, apoyó la despiadada supresión de la Guerra Campesina, una rebelión que su propio espíritu de independencia de la Iglesia Romana había ayudado a encender.[11] Aunque Lutero no pudo encontrar ningún decreto bíblico para el exterminio de judíos, él creía que debían ser esclavizados o lanzados fuera de las tierras cristianas, y que sus ghettos y sinagogas debían ser quemados.[12] Pensaba que los rebeldes anabaptistas debían ser matados, e incluso ratificó públicamente un edicto de 1531 de los teólogos de Wittenberg ratificando su ejecución.[13] Otros dirigentes protestantes no eran más tolerantes. Juan Calvino, cuya doctrina formó la base del presbiterianismo, escribió de:

> ... el principio eterno, por el cual [Dios] ha determinado lo que Él hará con cada hombre. Pues Él no los crea iguales, sino que designa a algunos para la vida eterna, y a otros para la condena eterna.[14]

Calvino estableció una teocracia de estado totalitario poderosamente represiva en Ginebra que quizás sea más recordada por quemar al famoso médico Michael Servetus, a causa de sus perspectivas disidentes del cristianismo. El alumno de Calvino, John Knox, condenó a todas las demás doctrinas. Conforme los protestantes se fragmentaban, cada nueva denominación reclamaba la única verdad divina, censurando a todas las demás.

En conformidad con su creencia en un Dios autoritario, tanto protestantes como católicos abogaban la estricta imposición de su percepción de las leyes de Dios. La Iglesia Católica ya había establecido los medios para controlar a la sociedad e imponer obediencia. Los protestantes, sin embargo, carecían de la estructura judicial y la jerarquía bien desarrolladas de la Iglesia Católica, y carecían de su alcance global. En su lugar, transfirieron la imposición de moralidad personal al estado. Aparte de sus funciones seculares, el estado ahora debía sostener la pureza moral de la sociedad; debía ser "el estado Divino".[15] La unidad familiar doméstica, gobernada por el padre, también asumió nueva importancia como el microcosmos de la estructura autoritaria.

Tanto protestantes como católicos aminoraron el importante papel de la comunidad, facilitando más que la Iglesia y el estado tuviesen un control más directo del individuo. La Reforma desalentaba las fraternidades, que en la Edad Media habían sido el sostén de sus miembros en tiempos de necesidad, organizaron celebraciones y obras, ayudaron a cuidar de los pobres y establecieron hospitales.[16] Los festivales de la comunidad, cruciales para su armonía y vitalidad, fueron reducidos. Las confesiones católicas, que habían sido un acto público de perdón que restituía al pecador de regreso a la comunidad, se convirtieron en un asunto privado entre el individuo y el sacerdote con la introducción del confesionario en 1565.[17] Y el papel de los padrinos, que había servido para consolidar los lazos sociales con amistad ritual, fue disminuido.[18] La Reforma desgastó la capacidad de la comunidad para intervenir en la autoridad de la Iglesia, el estado, o el patriarca de familia.

La Reforma — tanto protestante como católica — reemplazó la importancia de la armonía comunal con un énfasis en el orden divino y la obediencia. Los diez mandamientos tomaron el lugar de los siete pecados mortales que habían formado el núcleo de la moralidad medieval: arrogancia, envidia, enojo, avaricia, glotonería, pereza y lujuria. Los pecados que destruían el sentido de comunidad habían sido considerados los peores: arrogancia, envidia, enojo y avaricia. El más importante de los diez mandamientos, sin embargo, fue el que sustentaba no la armonía comunal, sino la autoridad paterna y civil: "Honrarás a tu padre y a tu madre."[19] Algunas leyes en la Nueva Inglaterra puritana incluso decretaban la pena de muerte para los jóvenes que maldijeran o "golpearan" a sus padres.[20] El pecado, en lugar de ser algo que rompía la armonía comunal, ahora pasó a ser visto como desobediencia a la autoridad.[21]

Los reformadores se habían dado cuenta no sólo de cuán poco respeto disponía la Iglesia, sino también de cuánto ignoraba sobre el cristianismo ortodoxo la gente común. En 1547, Stephen Gardner describió una parroquia en Cambridge: "cuando el vicario entraba en el púlpito para leer lo que [él mismo] había escrito, entonces la multitud de la parroquia salía directamente de la iglesia, a casa a beber."[22] El historiador Keith Thomas relata cómo, cuando un cura párroco en Essex "predicaba en 1630 sobre Adán y Eva fabricándose cubiertas de hojas de parra, un feligrés vociferante exigió saber dónde conseguían ellos el hilo para coserlos."[23] El cristianismo ortodoxo le era especialmente extraño a la gente en las áreas rurales. En 1607, John Norden escribió:

> *En algunas partes por las que he viajado, donde hay grandes y espaciosos yermos, montañas y páramos, ...muchas cabañas están establecidas, la gente entregada a pocas o a ningún tipo de faenas, viviendo a duras penas con pan de avena, suero de leche agria, y leche de cabra, habitando lejos de cualquier iglesia o capilla, y son tan ignorantes de Dios o de cualquier procedimiento de vida como los mismos salvajes entre los infieles.*[24]

Para hacerse cargo del paganismo de la gente común, protestantes y católicos durante la Reforma se enfocaron en enseñar el concepto de un Dios singular y celestial. En contraste con su entendimiento de la divinidad a través de una multiplicidad de rostros que podían ser experimentada en cada aspecto de la vida, ahora se le enseñaba a la gente a entender a Dios estrictamente como un padre celestial que ya no era parte de, ni se interesaba por el reino físico. La espiritualidad, o una relación con Dios, yacía en repudiar el placer físico, lo cual a menudo incluía no sólo el placer de los sentidos físicos, sino también las comodidades simples. A fines del siglo XVII, Tronson llegó al grado de declarar:

> *Si quieren ser herederos de Jesús y del paraíso, es decir, si no quieren ser condenados eternamente sino ser felices por siempre en los cielos, entonces deben renunciar al mundo enteramente y decirle adiós para siempre.*[25]

El cuerpo físico también habría de ser repudiado. Puesto que Dios ya no se encontraba en lo físico, el cuerpo era impío. Protestantes y católicas competían entre ellos sobre cuán poco podían cuidar de sus cuerpos, usando poco jabón y agua durante toda una vida.[26] Un jesuita en los años 1700, explicando que la "modestia religiosa" es suficiente para evitar que cualquiera tome un baño, relató una historia de alguien que violó la prohibición:

> Un joven que atrevió a bañarse en una de nuestras casas de campo efectivamente se ahogó ahí, quizás por el juicio misericordioso de Dios, pues Él pudo haber deseado que este aterrador ejemplo sirviese como ley.[27]

Un sermón católico de alrededor de 1700 le aconseja a uno "tratar su propio cuerpo como enemigo implacable, y subyugarlo mediante trabajo, ayunos, camisas de crin y otras mortificaciones."[28] Un prior y médico de Sorbona llamado Joseph Lambert advirtió a la gente rural:

> ...ustedes deben considerar cualquier tipo de contacto con su propio cuerpo y los cuerpos de otros, cada libertad, como el más serio de los pecados; aunque estos actos lujuriosos puedan en efecto ser secretos, son abominables a los ojos de Dios, que los ve todos, es ofendido por ellos, y nunca deja de castigarlos de la manera más severa.[29]

Si bien los cristianos ortodoxos desde mucho tiempo atrás consideraban que el sexo con cualquier propósito que no fuese el de procreación era pecado, fue sólo durante la Reforma que la mayoría de la gente común aprendieron esto. La historia cristiana está repleta de condenas hacia la sexualidad humana. En el siglo V, San Agustín desarrolló una teoría no sólo de cómo el pecado pasaba de generación en generación a través del acto sexual, sino también de cómo el deseo sexual era en sí mismo una prueba de la carencia de libre albedrío humano. A fines del siglo

XVI, los inquisidores escribieron que "Dios le permite al diablo más poder sobre el acto venéreo, mediante el cual el pecado original es transmitido, que sobre otras acciones humanas."[30] Los reformadores ahora asumían tales actitudes y exhortaban a la gente ordinaria a repudiar el placer sexual incluso dentro del matrimonio heterosexual. Se hizo común, por ejemplo, citar el comentario de Jerónimo de que un esposo cometía pecado si gozaba demasiado del sexo con su esposa.[31]

El placer en cualquier forma ahora habría de ser repudiado. Grignon de Montfort, un misionero católico, censuró las canciones de amor, los cuentos y los romances "que se extienden como la peste... y corrompen a tanta gente."[32] Un destacado sacerdote agustino del siglo XVIII condenó repetidamente el espectáculo público. "Las actuaciones públicas están inherentemente opuestas al espíritu del cristianismo." "Las obras de teatro sólo dan lecciones peligrosas." "Las obras de teatro son la fuente del libertinaje de nuestra época."[33] En la Nueva Inglaterra del siglo XVII, donde los puritanos controlaban gran parte de la sociedad, caían advertencias o verdaderos castigos sobre cualquier joven atrapado jugando en trineo o nadando, y sobre cualquier adulto atrapado simplemente divirtiéndose cuando debía estar mejor empleado.[34] Divertirse en el Sabat era considerado una ofensa terrible. Una ley de Massachusetts de 1653 prohibía las caminatas y visitas al muelle los domingos por ser consideradas una pérdida de tiempo. Se les advertía a los niños que jugaban o a los hombres y las mujeres jóvenes que paseaban, que estaban participando en "cosas que atendían mucho a la deshonra de Dios, al descrédito de la religión y la profanación del sagrado Sabat."[35] John Lewis y Sarah Chapman fueron llevados a la corte de Nueva Londres en 1670 por "sentarse juntos en el Día del Señor, bajo un manzano en el huerto de Goodman Chapman."[36]

De manera similar, los placeres de la belleza física y la estética fueron desacreditados. En el siglo XVII, el baluarte del puritanismo en Nueva Inglaterra desaprobaba los adornos de cualquier tipo. Los muebles y las viviendas era extremadamente austeras. Las vestimentas hermosas eran consideradas pecaminosas. En 1634, la Corte General prohibió las prendas de vestir:

> ...con cualquier encaje en ellas, de plata, de oro o de hilo... también todos los calados, las gorras, bandas y franjas bordadas o de costura... todas las fajas de oro y plata, cintas de sombrero, cinturones, escarolas, sombreros de castor.[37]

La ropa que revelara el cuerpo femenino era ilegal. Una ley de 1650 de Nueva Inglaterra prohibía "las mangas cortas, por lo cual la desnudez del brazo pueda ser descubierta."[38] Los cristianos llegaron a creer que cualquier cosa que enfocara la atención sobre el mundo físico era impío.

La percibida separación de la humanidad de un Dios estrictamente celestial produjo un enorme sentido de vergüenza durante la Reforma. Ignacio de Loyola, fundador de los jesuitas, declaró:

> Yo no soy más que estiércol, y debo pedir a nuestro Señor que cuando esté muerto mi cuerpo sea arrojado a la pila de estiércol para ser devorado por las aves y los perros... ¿Acaso no debe ser éste mi deseo de castigo por mis pecados?[39]

Y Calvino escribió:

> Todos estamos hechos de lodo, y este lodo no sólo está en la bastilla de nuestro vestido, o en la suela de nuestras botas, o en nuestros zapatos. Estamos llenos de él, no somos más que lodo y suciedad por dentro y por fuera.[40]

A mediados de los 1700, Jonathan Edwards, el teólogo calvinista de Nueva Inglaterra, predicó:

> (Tú eres) una pequeña criatura, horrenda y despreciable; un gusano, meramente nada, y menos que

*nada; un insecto vil, que se ha levantado con despre-
cio en contra de la majestad del cielo y de la tierra.*[41]
Uno debía arreglárselas con su propia naturaleza intrínsecamente malvada a través de la disciplina, castigo y lucha. Los reformadores ensalzaban la disciplina y la lucha como medidas de la espiritualidad y la santidad de una persona. Gran parte de la Contrarreforma Católica se enfocó en la administración y educación de sacerdotes, a fin de que pudiesen enseñar mejor la disciplina y las leyes del Dios todopoderoso a los feligreses. La penitencia se convirtió en un medio para evitar el comportamiento pecaminoso en lugar de una manera de compensar por los pecados ya cometidos.[42] El puritano Cotton Mather afirmó el valor del castigo e hizo eco a la frase de Agustín "obligadlos a entrar" con su famosa frase "Mejor flagelados que condenados."[43]

El sufrimiento y la penuria marcaban la vida de un verdadero cristiano ortodoxo. Se entendía que el acto más grande de Jesús era, no sus milagros de curación o su valiente rebelión en contra de la injusticia, sino su sufrimiento y muerte en la cruz. La Iglesia canonizó a individuos como santos, no debido a su facilidad de logro, sino debido a su tormento y martirio. Como escribió el poeta del *Cántico Espiritual*, uno no puede "buscar a Dios sin la cruz", y "el sufrimiento es la librea de quienes aman..."[44] En el siglo XVII, Antoine Godeau predicó que "un verdadero cristiano encuentra gozo en tener algunas aflicciones que sufrir, porque el sufrimiento es la insignia de un cristiano verdadero."[45]

La magia, o creer que Dios podía intervenir y hacer más fácil la vida física, se convirtió en señal segura de profanidad durante la Reforma. Dios reinaba desde arriba y exigía trabajo duro y

---

7.4 John Knox, el fundador del presbiterianismo escocés. Creyendo que el mundo físico era impío, los reformadores protestantes condenaron el placer de cualquier especie: físico, sexual o estético.

sufrimiento. Como señala el historiador Keith Thomas, "el hombre debía ganarse el pan con el sudor de su frente."[46] La magia también era percibida como un intento arrogante por hacer el papel de Dios. Pues, como preguntó un reformador en 1554, "si vosotros podéis hacer a placer tales cosas para echar fuera a los demonios y tratar tanto al cuerpo como al alma, ¿qué necesidad tenéis vosotros de Cristo?"[47] Según Francis Bacon en el siglo XVII, los remedios mágicos debían ser evitados porque "proponen que esos nobles efectos que Dios le ha divulgado al hombre sean comprados a costas del trabajo, que sean obtenidos mediante unas cuantas prácticas fáciles y perezosas."[48] John Cotta, un médico inglés del mismo periodo, escribió:

> Dios no ha otorgado nada al hombre sino su fatiga y dolor; y de acuerdo a su afanosa laboriosidad, cuidado, prudencia, providencia, asiduidad y diligencia, dispensó sobre él todas las cosas buenas. Él no ha ordenado que las maravillas y los milagros presten asistencia a nuestras necesidades comunes, ni que respondan a las ocasiones o usos ordinarios de nuestra vida.[49]

Esto era nuevo para gran parte de Europa medieval. La mayoría de la gente aún creía en un Dios multifacético al que se podía recurrir en busca de asistencia para la vida cotidiana. Inicialmente la Iglesia, incapaz de convertir a la gente de tal creencia, había establecido su propio sistema de magia eclesiástica.[50] La Iglesia tenía toda una gama de fórmulas que incluían la oración y la invocación del nombre de Dios, diseñadas para alentar la ayuda de Dios en asuntos prácticos seculares. La creencia en la palabra hablada era tan fuerte, por ejemplo, que la Iglesia disuadía a la gente de aprender exactamente lo que el sacerdote decía, por miedo a que fuesen capaces de utilizar palabras tan poderosas para producir su propia magia.[51] Y era tan fuerte la creencia en que el perjurio convocaría la venganza de Dios, que la Iglesia confiaba en la honestidad de un testigo que testificaba después de haber hecho un juramento sobre una Biblia o una reliquia.[52] La creencia en el poder mágico de la palabra aún era tan prevaleciente en la Inglaterra protestante que en 1624 el Parlamento aprobó un acta prohibiendo blasfemar y maldecir.[53]

Fue contra la aprobación de la magia por parte de la Iglesia medieval que los protestantes se rebelaron más fervientemente. "Los papistas", escribió Calvino, "pretenden que existe una fuerza mágica en los sacramentos, independiente de la fe eficaz..."[54] El calvinista James Calfhill proclamó que "las brujas y los hechiceros más viles sobre la tierra" eran:

> ...los sacerdotes que consagran cruces y cenizas, agua y sal, aceite y crema, ramas y huesos, troncos y piedras; que bautizan las campanas que cuelgan en el campanario; que invocan a los gusanos que se arrastran en el campo; que dan el Evangelio de San Juan para que cuelgue en los cuellos de los hombres...[55]

Los protestantes atacaron a los sacramentos como la confirmación, tachándolos de:

> ...nada más que simple hechicería, arte diabólico, brujería, prestidigitación, juego de manos, y todo lo que dañino es. El obispo masculla unas cuantas palabras en Latín sobre el niño, lo hechiza, lo persigna, lo embadurna con pestilente aceite papista, y ata una marca de lino alrededor del cuello del niño y lo envía a casa...[56]

"Los sacramentos", escribió John Canne en 1634, "no fueron ordenados por Dios para ser usados... como encantamientos y hechizos."[57]

La magia no sólo daba testimonio de lo que los reformadores creían era un falso entendimiento de Dios, también interfería con el nuevo método de indicar rango social. La sociedad anterior a la Reforma había designado el rango de un hombre ya sea por su

posición dentro de la jerarquía de la Iglesia, o por su condición de noble o guerrero. Pero a medida que la jerarquía de la Iglesia y el papel de la nobleza declinaron, el éxito económico se convirtió en uno de los únicos medios para identificar la posición de una persona en la jerarquía divina. La riqueza era considerada como símbolo del trabajo duro y la evolución espiritual de una persona. Tal "ética de trabajo tan puritana" se desmoronaría, sin embargo, si una persona podía alcanzar la prosperidad mágicamente.

Sin embargo, la creciente importancia del éxito económico no llevó a los miembros de la iglesia a alentar a la gente pobre a que escapara de su pobreza o mejorara su suerte. Los pobres debían sufrir la injusticia económica sin protesta. Un predicador del siglo XVII explicó que:

> Si existen personas que abusan de la autoridad de los soberanos y les cobran impuestos injustos, Dios lo permite a fin de ejecutar Su justicia, para castigar sus pecados y el uso indebido que dan a sus bienes.[58]

Un himno misionero del siglo XVIII llamado *Una exhortación para la gente trabajadora*, incita a la gente a soportar su condición de vida calladamente:

> No sufras para quejarte
> del arduo dolor de la vida,
> y no albergues envidia alguna
> por los que en lo alto habitan.[59]

Creer que podías cambiar tu situación por cualquier medio que no fuera el trabajo duro y la lucha, creer en la ayuda divina,

---

7.5 Esta caricatura del Papa se burlaba de la naturaleza sacramental de la Iglesia Católica y fue popular entre los protestantes de Inglaterra, Holanda y Alemania por más de un siglo. Los artículos utilizados en los ritos católicos componen la figura: el sombrero es una campana de iglesia decorada con escobillas para agua bendita, la boca es un jarro abierto de vino, el ojo es un cáliz cubierto por la hostia sagrada, la mejilla es un plato usado en el rito de la comunión, el hombro es el libro de la misa.

indicaban una confabulación con el diablo. Los reformadores enseñaban que Dios estaba en los cielos, no en la tierra. Por ende, cualquier energía sobrenatural en el mundo físico únicamente podía ser obra del diablo y sus demonios. De hecho, toda la creencia en y el miedo al diablo llegaron a ser de suma importancia durante la Reforma. Martín Lutero relató haber tenido encuentros con el diablo, y escribió: "Todos estamos sujetos al Diablo, tanto en el cuerpo como en los bienes..."[60] Según Lutero, "El Diablo vive, sí, y reina en todas partes del mundo..."[61] Juan Calvino dijo que el verdadero santo cristiano tenía que participar en una "incesante lucha contra él",[62] y John Knox denominó al diablo "el príncipe y Dios de este mundo."[63] El Catecismo de Trento hizo eco a la importancia de la creencia en el diablo:

> Muchos imaginan que todo el asunto es ficticio, puesto que piensan que ellos mismos no son atacados. Esto significa que están en poder del Diablo y carecen de virtudes cristianas. Por lo tanto el Diablo no tiene necesidad alguna de tentarlos, pues sus almas ya están en la morada del Diablo.[64]

La creencia en el poder del diablo se convirtió en contraparte esencial a la creencia en Dios. El protestante Roger Hutchinson escribió:

> Si existe un Dios, como debemos creer de la manera más resuelta, en verdad también existe un Diablo; y si existe un Diablo, no existe argumento más seguro, ni prueba más firme, ni evidencia más terminante, de que existe un Dios.[65]

Otro escritor señaló que "aquél que ya puede creer que no existe un Diablo, creerá mucho antes que no existe un Dios..."[66] Al igual

---

7.6 Los reformadores enseñaban que Dios ya no tomaba parte en el mundo físico; el mundo ahora era el reino únicamente del diablo y sus demonios, como el que está representado en este tallado en madera. Cualquier cosa mágica o sobrenatural sólo podía ser obra del diablo.

que los primeros maniqueos, los cristianos reformados enfatizaban la creencia en el diablo tanto como la creencia en Dios, si no
es que más. El catecismo del jesuita Canisio, por ejemplo, men-
ciona el nombre de satanás más veces que el nombre de Jesús.[67]
El poder percibido de satanás se incrementó proporcional-
mente con la propagación del cristianismo ortodoxo. La creencia
en el diablo es un medio para asustar a la gente hacia la obediencia. Los miembros de la iglesia durante la Reforma no eran
diferentes a los cristianos ortodoxos de antes que habían considerado que el miedo era imperativo. En 1674, Christophe Schrader
notificó a otros predicadores sobre la necesidad de tener:

> ...un miedo muy grande del Dios todopoderoso y
> excelente que expulsó a los ángeles rebeldes del cielo
> y a nuestros primeros ancestros del paraíso, que
> prácticamente destruyó al universo entero con el
> diluvio, y que derribó reinos y ciudades enteras.[68]

El diablo es contraparte necesaria para tal "Dios todopoderoso y
excelente". El diablo lleva a cabo el juicio de Dios, atormentando
a los pecadores por toda la eternidad. Él es, como lo llamó el Rey
Jaime I, "el verdugo de Dios".[69]

Al igual que muchas doctrinas e ideas ortodoxas, la creencia
en el diablo hace que la gente se sienta sin poder. Atribuirle
malevolencia y negatividad al diablo despoja de responsabilidad a los seres humanos — al igual que el poder que acompaña
a la responsabilidad. Pues si uno es responsable por algo, uno
puede hacer algo al respecto. Pero si la negatividad viene de un
diablo externo, poco puede hacer uno, excepto encogerse de
miedo o atacar a los que representan al diablo. Al igual que la
creencia en la carencia de libre albedrío humano, la creencia en
el diablo genera un sentido de impotencia, tornando a la gente
más fácil de controlar.

La Reforma trajo cambios dramáticos y profundos. Las
naciones y los poderes imperiales reclamaron su independencia

del Papa. Las estructuras y los valores sociales medievales cambiaron. Quizás más significativamente, la Reforma cambió la manera en que la gente percibía al mundo. El mundo físico, alguna vez una creación divina y mágica, ahora se entendía como algo ajeno a Dios, y perteneciente sólo al diablo. El sendero espiritual habría de estar marcado por el sufrimiento, la lucha y el castigo. Juntas, la Reforma Protestante y la Contrarreforma Católica convirtieron a la gente de Europa al cristianismo ortodoxo.

8
Las Cacerías de Brujas:
El Fin de la Magia y los Milagros
1450 - 1750 D.C.

L a Reforma no convirtió a la gente de Europa al cristianismo ortodoxo sólo mediante predicación y catequesis. Fue el período de 300 años de cacería de brujas del siglo XV al XVIII, al que R. H. Robbins llamó "la espantosa pesadilla, el crimen más detestable y la vergüenza más profunda de la civilización occidental",[1] lo que aseguró el abandono europeo de la creencia en la magia. La Iglesia creó el detallado concepto de adoración al diablo, y luego utilizó la persecución de ello para eliminar la disidencia, someter al individuo al control autoritario, y denigrar abiertamente a las mujeres.

Las cacerías de brujas fueron una erupción de la difamación del cristianismo ortodoxo hacia las mujeres, "el vaso más frágil", en palabras de San Pedro.[2] En el siglo II, San Clemente de Alejandría escribió: "Toda mujer debería estar llena de vergüenza por la sola idea de ser una mujer."[3] El padre de la Iglesia Tertuliano ex-plicaba por qué las mujeres merecen su condición de seres humanos despreciados e inferiores:

> *¿Y acaso no sabes que eres una Eva? La sentencia de
> Dios para este sexo tuyo existe en esta era: la culpa*

debe por necesidad existir también. Tú eres la entrada
del diablo: tú eres quien rompe el sello de esa cruz: tú
eres la primera desertora de la ley divina: tú eres
aquélla que lo persuadió a él a quien el diablo no tuvo
el suficiente valor de atacar. Tú destruiste tan fácil-
mente la imagen de Dios, el hombre. Por causa de tu
merecido — es decir, la muerte — hasta el Hijo de
Dios tuvo que morir.[4]

Otros expresaron el panorama más contundentemente. El filósofo cristiano del siglo VI, Boeto, escribió en *La Consolación de la Filosofía*: "La mujer es un templo construido sobre una cloaca."[5] Los obispos en el Concilio de Mâcon en el siglo VI votaron con respecto a si las mujeres tenían almas.[6] En el siglo X, Odo de Cluny declaró: "Abrazar a una mujer es abrazar a un costal de estiércol..."[7] En el siglo XIII, Santo Tomás de Aquino sugirió que Dios había cometido un error al crear a la mujer: "nada [deficiente] o defectuoso debió haber sido producido en el primer establecimiento de las cosas; así que la mujer no debió haber sido producida entonces."[8] Y los luteranos en Wittenberg discutieron si las mujeres eran realmente seres humanos del todo.[9] Los cristianos ortodoxos hacían responsables a las mujeres de todos los pecados. Como declaran los libros apócrifos de la Biblia: "Por la mujer comenzó el pecado, y por causa de ella morimos todos."[10]

A menudo se entiende que las mujeres son impedimentos para la espiritualidad en un contexto en donde Dios reina estrictamente desde el cielo y exige una renunciación al placer físico. Como se afirma en la 1ª Epístola a los Corintios 7:1, "Es cosa buena para el hombre no tener relaciones con ninguna mujer." Los inquisidores que escribieron el *Malleus Maleficarum*, "El Martillo de las Brujas", explicaban que las mujeres están más propensas a convertirse en brujas que los hombres:

'Porque el sexo femenino está más relacionado con
las cosas de la carne que los hombres;' porque

> *estando formadas de la costilla de un hombre, ellas*
> *son 'sólo animales imperfectos' y 'torcidos', mientras*
> *que el hombre pertenece a un sexo privilegiado de*
> *cuyo centro surgió Cristo.*[11]

El Rey Jaime I calculó que la proporción de mujeres a hombres que "sucumbían" a la brujería era de veinte a uno.[12] De los perseguidos formalmente por brujería, entre 80 y 90 por ciento eran mujeres.[13]

Los cristianos censuraban a las mujeres por toda clase de cosas. Un historiador señala que los predicadores del siglo XIII

> *...denunciaban a las mujeres por un lado por... la*
> *'provocación lasciva y carnal' de sus vestimentas, y*
> *por otro lado por ser demasiado hacendosas, dema-*
> *siado ocupadas con los niños y el manejo de la casa,*
> *demasiado apegadas a la tierra para pensar debida-*
> *mente en las cosas divinas.*[14]

Según un dominicano del mismo periodo, la mujer es "la confusión del hombre, una bestia insaciable, una ansiedad continua, una batalla incesante, una ruina diaria, una casa de tempestad ...un estorbo para la devoción."[15]

A medida que el fervor de la Reforma se extendía, el aspecto femenino del cristianismo en la adoración de María se volvió sospechoso. A todo lo largo de la Edad Media, se creyó que los poderes de María disminuían eficazmente los poderes del diablo.[16] Pero los protestantes desecharon por completo la reverencia a María mientras que los católicos reformados disminuyeron su importancia. La devoción a María con frecuencia se volvía indicativa de maldad. En las Islas Canarias, Aldonca de Vargas fue denunciada a la Inquisición por haber sonreído al escuchar mención a la Virgen María.[17] Los inquisidores distorsionaron una imagen de la Virgen María para convertirla en un artefacto de tortura, cubriendo el frente de una estatua de María con cuchillos y clavos afilados. Unas palancas movían los brazos de la estatua, aplastando a la víctima contra los cuchillos y clavos.[18]

Las cacerías de brujas también demostraron un gran miedo a la sexualidad femenina. El libro que servía de manual para entender y perseguir a la brujería, el *Malleus Maleficarum*, describe cómo se sabía que las brujas "reunían órganos masculinos en grandes números, hasta veinte o treinta miembros juntos, y los colocaban en el nido de un pájaro..."[19] El manual relata la historia de un hombre quien, habiendo perdido su pene, acudió a una bruja para que le fuera repuesto:

> *Ella le dijo al afligido hombre que subiera a cierto árbol, y que podía tomar el que gustase de un nido en el que había varios miembros. Y cuando él intentó tomar uno grande, la bruja dijo: No debes tomar ése; añadiendo, porque pertenecía a un sacerdote de parroquia.*[20]

Un hombre en 1621 se lamentaba: "de la desnaturalizada e insaciable lujuria de las mujeres... qué país, qué poblado no se queja."[21]

Si bien la mayor parte de lo que llegó a ser conocido como brujería fue inventado por los cristianos, ciertos elementos de la brujería en efecto representaban una tradición pagana más antigua. La brujería estaba ligada con la "adivinación", e incluso era considerada un sinónimo de ésta, que significa no sólo el arte de predecir el futuro, sino también el descubrimiento del conocimiento mediante la ayuda del poder sobrenatural.[22] Esto sugiere que tal poder se encuentra disponible — algo que según insistían los cristianos ortodoxos podía ser únicamente el poder del diablo, puesto que Dios ya no habría de involucrarse con el mundo físico.

La palabra en inglés "witch"* viene de los términos en inglés antiguo *wicce* y *wicca*, refiriéndose a los participantes masculinos y femeninos en la antigua tradición pagana que sustenta una

---

* N. de T. - "Bruja" en castellano.

gran reverencia hacia los aspectos masculinos, femeninos y mundanos de Dios. En lugar de un Dios que se erguía por encima del mundo, alejado de la vida ordinaria, en la tradición Wicca* se entendía que la divinidad impregnaba tanto al cielo *como* a la tierra. Esta tradición también recordaba un período en que la sociedad humana funcionaba sin jerarquía — fuese matriarcal o patriarcal — y sin categorías de género, de raza o de clase estrictas. Era una tradición que afirmaba el potencial de la humanidad para vivir sin dominación ni miedo, algo que los cristianos ortodoxos sostienen que es imposible.**

Inicialmente la Iglesia había tratado de erradicar los vestigios de esta tradición más antigua y no jerárquica negando la existencia de las brujas o la magia fuera de la Iglesia. El *Canon Episcopi*, una ley de la Iglesia que apareció por primera vez en 906, decretó que la *creencia* en la brujería era herética.[23] Después de describir rituales paganos que involucraban a mujeres mostrando poderes extraordinarios, declaró:

> *Pues una multitud innumerable, engañada por esta falsa opinión, cree que esto es cierto y, al creerlo así, se aleja de la fe correcta y se involucra en el error de los paganos cuando piensan que existe algo de divinidad o poder excepto el único Dios.*[24]

No obstante, la creencia en la magia aún era tan prevaleciente en el siglo XIV que el Concilio de Chartres ordenó que se pronunciara anatema en contra de los hechiceros cada domingo en cada iglesia.[25]

---

* N. de T. - Brujería, especialmente las prácticas orientadas a la Naturaleza benévola derivadas de las religiones precristianas.

** La idea de que la humanidad podía vivir sin dominación ni violencia, lejos de ser un mito idealista, está comenzando a ser verificado por una nueva imagen de la historia humana. La obra de James Mellaart, Marija Gimbutas y Riane Eisler demuestra que la humanidad vivió hasta 25,000 años en paz, mucho más tiempo que los 3,500 a 5,000 años que ha vivido con guerras y dominación.

Le tomó a la Iglesia mucho tiempo persuadir a la sociedad de que las mujeres tendían hacia la brujería malvada y la adoración al diablo. Invirtiendo su política de negar la existencia de las brujas, en el siglo XIII la Iglesia comenzó a describir a la bruja como esclava del diablo.[26] Ya no habría de estar asociada con una tradición pagana más antigua. Ya no habría de considerarse a la bruja como una curandera benévola, maestra, mujer sabia, o alguien que tenía acceso al poder divino. Ahora habría de ser un malvado agente satánico. La Iglesia comenzó a autorizar representaciones aterradoras del diablo en los siglos XII y XIII.[27] Imágenes de una bruja montada en una escoba aparecieron por primera vez en 1280.[28] El arte del siglo XIII también retrataba el pacto del diablo en el que los demonios robaban niños y en el que los padres mismos entregaban a sus hijos al diablo.[29] La Iglesia ahora representaba a las brujas con las mismas imágenes utilizadas con tanta frecuencia para caracterizar a los herejes: "...una pequeña sociedad clandestina participando en prácticas antihumanas, incluyendo infanticidio, incesto, canibalismo, bestialidad y sexo orgiástico..."[30]

La Iglesia desarrolló el concepto de adoración al diablo como una transposición sorprendentemente simplista de los ritos y prácticas del cristianismo. Mientras que Dios imponía la ley divina, el diablo exigía adhesión a un pacto. Mientras que los cristianos mostraban reverencia a Dios arrodillándose, las brujas rendían homenaje al diablo paradas de cabeza. Los sacramentos en la Iglesia Católica se volvieron excrementos en la iglesia del diablo. La comunión era parodiada por la Misa Negra.[31] Las oraciones cristianas podían ser usadas para producir efectos malignos al ser recitadas al revés.[32] El pan eucarístico u hostia era imitado en los ritos del diablo por un nabo. El "signo" bautismal, o estigmas de los misterios, fue parodiado por la marca del diablo, estampada en el cuerpo de la bruja por la garra de la mano izquierda del diablo.[33] Mientras que los santos tenían el don de las lágrimas, se decía que las brujas eran incapaces de derramar lágrimas.[34] La adoración al diablo era una simple parodia del cristianismo. De hecho, el concepto mismo del diablo era exclusivo del monoteísmo y carecía de importancia dentro de la tradición pagana de Wicca.

La Iglesia también proyectó su propia estructura jerárquica sobre esta nueva brujería malévola. La iglesia del diablo habría de estar organizada de tal forma que sus dignatarios pudieran escalar los rangos hasta la posición de obispo, al igual que en la Iglesia Católica.[35] Julio Caro Baroja explica:

...el Diablo provoca que las iglesias y los altares aparezcan con música... y diablos ataviados como santos. Los dignatarios alcanzan el rango de obispo, y los subdiáconos, diáconos y sacerdotes celebran la Misa. Se utilizan velas e incienso para la ceremonia y se rocía agua con un turiferario. Hay un ofertorio, un sermón, una bendición de los equivalentes de pan y vino... A fin de que nada falte incluso hay mártires falsos en la organización.[36]

De nuevo, tal jerarquía era enteramente una proyección de la Iglesia que no tenía semejanza alguna con el paganismo antiguo. Al reconocer los rostros tanto masculinos como femeninos de Dios y al entender que Dios estaba infundido por todo el mundo físico, la tradición Wicca no tenía necesidad de clasificaciones jerárquicas estrictas.

El Papa Juan XXII formalizó la persecución de la brujería en 1320, cuando autorizó a la Inquisición a juzgar la hechicería.[37] De ahí en adelante, las bulas pontificias y las declaraciones se volvieron cada vez más vehementes en su condenación de la brujería y de todos aquellos que "hicieran un pacto con el infierno".[38] En 1484, el Papa Inocencio VIII decretó la bula *Summis desiderantes*, autorizando a dos inquisidores, Kramer y Sprenger, a sistematizar la persecución de brujas.[39] Dos años más tarde, su manual *Malleus Maleficarum* fue publicado, seguido por 14 ediciones entre 1487 y 1520, y por lo menos 16 ediciones entre 1574 y 1669.[40] Una bula pontificia en 1488 exhortaba a las naciones de

Europa a rescatar a la Iglesia de Cristo, que estaba "expuesta al peligro por las artes de Satanás."[41] El pontificado y la Inquisición habían transformado con éxito a la bruja, de un fenómeno cuya existencia la Iglesia previamente había negado con rigor, a un fenómeno que se consideraba muy real, muy aterrador, la antítesis del cristianismo, y absolutamente merecedor de persecución.

Ahora era herejía *no* creer en la existencia de las brujas. Como los autores del *Malleus Maleficarum* señalaron: "Una creencia en que existen tales cosas como las brujas es parte tan esencial de la fe Católica, que mantener obstinadamente la opinión contraria huele a herejía."[42] Pasajes de la Biblia tales como "A los hechiceros no los dejarás con vida", eran citados para justificar la persecución de brujas.[43] Tanto Calvino como Knox creían que negar la brujería era negar la autoridad de la Biblia.[44] El fundador del metodismo en el siglo XVIII, John Wesley, declaró a los escépticos de la brujería: "Desistir de la brujería es en efecto desistir de la Biblia."[45] Y un eminente abogado inglés escribió: "Negar la posibilidad, no, la existencia real de la Brujería y la Hechicería, de inmediato es contradecir categóricamente la Palabra de Dios revelada en diversos pasajes tanto del Antiguo como del Nuevo Testamento."[46]

La persecución de la brujería le permitió a la Iglesia prolongar la utilidad de la Inquisición. La Inquisición había dejado regiones tan carentes económicamente, que el inquisidor Eymeric se quejó: "En nuestros tiempos ya no existen herejes ricos... es una pena que una institución tan benéfica como la nuestra tenga un futuro tan incierto."[47] Añadiendo la brujería a los crímenes que perseguía, sin embargo, la Inquisición expuso un grupo

---

8.1 Un grabado en madera del siglo XV titulado "Sabat de Brujas". Tales caracterizaciones de la brujería eran transposiciones simplistas de ritos y rituales cristianos, creadas por miembros de la iglesia que muy poco tenían que ver con la tradición precristiana de la Wicca.

enteramente nuevo de gente del cual recaudar dinero. Aprovechó al máximo esta oportunidad. La autora Barbara Walker señala:

> *A las víctimas se les cobraba por las cuerdas mismas que los ataban y la madera que los quemaba. Cada procedimiento de tortura tenía su cuota. Después de la ejecución de una bruja acaudalada, los oficiales usualmente se daban el lujo de un banquete a expensas de los bienes de la víctima.*[48]

En 1592, el Padre Cornelio Loos escribió:

> *Criaturas miserables son obligadas por la severidad de la tortura a confesar cosas que nunca han hecho... y así por la cruel carnicería son cobradas vidas inocentes; y, mediante una nueva alquimia, son acuñados oro y plata de la sangre humana.*[49]

En muchas partes de Europa los juicios por brujería comenzaron exactamente cuando cesaron los juicios por otros tipos de herejía.[50]

El proceso de perseguir formalmente a las brujas seguía el procedimiento inquisitorial más severo. Una vez acusado de brujería, era virtualmente imposible escapar a la condena. Después del interrogatorio, el cuerpo de la víctima era examinado en busca de la marca de la bruja. El historiador Walter Nigg describió el proceso:

> *...ella era desnudada por completo, y el verdugo afeitaba todo su vello corporal a fin de buscar en los sitios escondidos del cuerpo la señal que el diablo estampaba en sus secuaces. Las verrugas, pecas y marcas de nacimiento eran consideradas signos seguros de relaciones amorosas con Satanás.*[51]

Si acaso una mujer no mostraba señales de la marca de la bruja, la culpa de todos modos podía ser establecida con métodos como incrustar agujas en los ojos de la acusada. En tal caso, la culpa se confirmaba si el inquisidor podía encontrar un punto insensible durante el proceso.[52]

La confesión entonces era extraída con los horrendos métodos de tortura ya desarrollados durante las fases previas de la Inquisición. "Poco dispuestos están a confesar sin tortura", escribió el Rey Jaime I en *Daemonologie*.[53] Un médico que prestaba servicio en las prisiones de brujas habló sobre mujeres llevadas casi hasta la locura:

...por la frecuente tortura... mantenidas en la suciedad y oscuridad prolongadas de sus calabozos... y constantemente sacadas a rastras para ser sometidas a tormentos atroces hasta que gustosamente cambiarían en cualquier momento esta existencia tan amarga por la muerte, están dispuestas a confesar cualquier crimen que se les sugiera en vez de ser arrojadas de regreso a su horrendo calabozo entre la tortura eternamente recurrente.[54]

A menos de que la bruja muriese durante la tortura, ella era llevada a la hoguera. Puesto que muchas de las quemas se llevaban a cabo en plazas públicas, los inquisidores evitaban que las víctimas hablasen con el gentío, utilizando mordazas de madera o cortándoles la lengua.[55] A diferencia de los herejes o los judíos que por lo general eran quemados vivos después de haber recaído en su herejía o judaísmo, una bruja era quemada en la primera condena.[56]

La mutilación sexual de las brujas acusadas no era rara. Con los ortodoxos entendiendo que la divinidad tenía poco o nada que ver con el mundo físico, el deseo sexual era percibido como algo impío. Cuando los hombres que perseguían a las brujas acusadas se descubrían a sí mismos excitados sexualmente, suponían que tal deseo emanaba no de ellos mismos, sino de la mujer. Atacaban los senos y los genitales con tenazas, pinzas y hierros al rojo vivo. Algunas reglas toleraban el abuso sexual permitiendo a los hombres considerados "católicos fervorosos"

visitar a las prisioneras en aislamiento penal, mientras que nunca se permitían las visitas femeninas. Los habitantes de Toulouse estaban tan convencidos de que el inquisidor Foulques de Saint-George hacía comparecer mujeres por ninguna otra razón que la de abusar de ellas sexualmente, que tomaron el peligroso e inusual paso de reunir evidencias contra él.[57]

El horror de las cacerías de brujas no tuvo límites. La Iglesia nunca había tratado a los hijos de padres perseguidos con compasión, pero su tratamiento de los hijos de las brujas fue particularmente brutal. Los niños estaban sujetos a ser juzgados y torturados por brujería; las niñas, una vez habiendo cumplido los nueve años y medio de edad, y los niños diez años y medio de edad.[58] Niños más jóvenes eran torturados a fin de obtener testimonios que pudiesen ser usados en contra de sus padres.[59] Incluso el testimonio de niños de dos años y medio de edad era considerado válido en casos de brujería, a pesar de que tal testimonio nunca era admisible en otros tipos de juicios.[60] Se supo de un famoso magistrado francés que se arrepintió de su condescendencia cuando, en lugar de mandar quemar a unos niños pequeños acusados de brujería, tan sólo los había sentenciado a ser flagelados mientras que observaban a sus padres quemarse.[61]

A las brujas se les hacía responsables de casi cualquier problema. Cualquier amenaza a la uniformidad social, cualquier duda sobre la autoridad, y cualquier acto de rebelión ahora podía serle atribuido y juzgado como brujería. No fue sorprendente que las áreas de turbulencia política y contienda religiosa experimentaran las cacerías de brujas más intensas. La cacería de brujas tendía a ser mucho más severa en Alemania, Suiza, Francia, Polonia y Escocia, que en países más homogéneamente católicos como Italia y España.[62] Los cazadores de brujas decla-

---

8.2 La tortura infligida en las mujeres acusadas de brujería era especialmente cruel.

raban que "la rebelión es como el pecado de la Brujería."[63] En 1661, monárquicos escoceses proclamaron que "la rebelión es la madre de la brujería."[64] Y en Inglaterra, el puritano William Perkins llamó a la bruja "El más notorio traidor y rebelde que puede haber..."[65]

La Reforma desempeñó un papel crítico en convencer a la gente de inculpar a las brujas de sus problemas. Los protestantes y los católicos reformados enseñaban que cualquier magia era pecaminosa, puesto que indicaba una creencia en la ayuda divina en el mundo físico. La única energía sobrenatural en el mundo físico habría de ser del diablo. Sin magia para contrarrestar el mal o el infortunio, a la gente no le quedó otra forma de protección que la de matar al agente del diablo, la bruja. Particularmente en los países protestantes, donde los rituales de protección como persignarse, rociar agua bendita o invocar a los santos o ángeles guardianes ya no estaban permitidos, la gente se sentía indefensa.[66] Como dice el personaje de Shakespeare, Próspero, en *La Tempestad*:

Ahora quedan rotos mis hechizos
y me veo reducido a mis propias fuerzas,
que son muy débiles...[67]

Con mayor frecuencia eran los sermones de predicadores tanto católicos como protestantes los que instigaban una cacería de brujas. La terrible cacería de brujas vasca de 1610 comenzó después de que Fray Domingo de Sardo llegó a predicar sobre brujería. "No existían ni brujas ni embrujados sino hasta que se habló y se escribió sobre ellos", señaló un contemporáneo llamado Salazar.[68] Las cacerías de brujas en Salem, Massachusetts, de manera similar fueron precedidas por los sermones aterradores y la predicación de Samuel Parris en 1692.[69]

El clima de miedo creado por los miembros de la iglesia durante la Reforma condujo a incontables muertes de brujas acusadas muy independientemente de las cortes o el procedimiento inquisitorial. Por ejemplo, en Inglaterra, donde no había cortes inquisitoriales y donde la cacería de brujas ofrecía poca o ninguna recompensa económica, muchas mujeres fueron asesinadas por brujería por las masas. En lugar de seguir algún procedimiento judicial, estas turbas utilizaban métodos para cerciorarse de la culpabilidad de brujería, como "nadar a una bruja", en la que una mujer era atada y arrojada al agua para ver si flotaba. El agua, como medio de bautismo, o bien la rechazaba y probaba que era culpable de brujería, o la mujer se hundía y era probada inocente, aunque también muerta por ahogamiento.[70]

A medida que las personas adoptaban la nueva creencia en que el mundo era el aterrador reino del diablo, inculpaban a las brujas de cada desgracia. Puesto que el diablo creó todos los males del mundo, sus agentes — las brujas — podían ser inculpadas por ellos. Algunos pensaban que las brujas tenían tanto poder como Cristo, si no es que más: ellas podían resucitar a los muertos, convertir al agua en vino o leche, controlar el clima y conocer el pasado y el futuro.[71] Se inculpaba a las brujas por todo, desde una empresa de negocios fracasada hasta un estado emocional deficiente. Una mujer escocesa, por ejemplo, fue acusada de brujería y quemada hasta la muerte porque fue vista acariciando a un gato al mismo tiempo que un lote de cerveza cercano se volvió agrio.[72] Las brujas ahora asumían el papel de chivos expiatorios que había sido ocupado por los judíos. Cualquier desdicha personal, mala cosecha, hambruna o peste eran vistas como culpa de ellas.

La turbulencia social creada por la Reforma intensificó la cacería de brujas. La Reforma disminuyó el papel de la comunidad y depositó una mayor exigencia en la perfección moral personal. A medida que la tradición comunal de ayuda mutua se rompió y desapareció el sistema señorial que había proporcionado sustento más generosamente a las viudas, mucha gente quedó en necesidad de pedir caridad.[73] La culpa que uno sentía después de rehusarse a ayudar a una persona necesitada podía ser fácilmente transferida a dicha persona necesitada acusándola de brujería. Un escritor contemporáneo llamado Thomas Ady describió una probable situación resultante de no cumplir con una obligación social hasta la fecha acostumbrada:

Ahora [un propietario de vivienda] gritaba sobre un pobre vecino inocente que él o ella lo había embrujado. Pues, dijo él, tal anciano o anciana acudió tarde a mi puerta y deseaba algo de ayuda, y yo lo negué, y que Dios me perdone, mi corazón sí se rebeló contra ella... y ahora mi hijo, mi esposa, yo mismo, mi caballo, mi vaca, mi oveja, mi marrana, mi cerdo, mi perro, mi gato, o algo, fue así y así se comportaban de una manera tan extraña, que me atrevo a jurar que es una bruja, o si no, ¿cómo podrían ser estas cosas?[74]

Las víctimas más comunes de las acusaciones de brujería eran aquellas mujeres que se parecían a la imagen de la Anciana Sabia. Como personificación del poder femenino maduro, la mujer anciana y sabia amenaza una estructura que sólo reconoce a la fuerza y la dominación como vías de poder. La Iglesia nunca toleró la imagen de la Anciana Sabia, incluso durante los primeros siglos cuando asimiló las imágenes prevalecientes de virgen y madre en la figura de María. Aunque cualquier mujer que atrajera la atención estaba propensa a ser sospechosa de brujería, ya sea por causa de su belleza o debido a alguna rareza o deformidad notoria, la víctima más común era la anciana. Las mujeres pobres y más viejas tendían a ser las primeras en ser acusadas, incluso donde las cacerías de brujas eran conducidas por el procedimiento inquisitorial que sacaba ganancias dirigiendo sus ataques contra los individuos más acaudalados.

8.3 Como se ilustra en esta pintura de un juicio por brujería, se pensaba que las brujas poseían extraordinarios poderes sobrenaturales. La Reforma esparció la creencia de que el único poder o magia sobrenatural venía del diablo, y que Dios ya no ofrecía magia protectora alguna; el único recurso que les restaba a quienes se encontraban en situaciones atemorizantes era deshacerse del agente del diablo, la bruja.

Las ancianas sabias curanderas eran blancos particulares de los cazadores de brujas. "En este tiempo", escribió Reginald Scot en 1584, "es indiferente decir en la lengua inglesa: 'ella es una bruja' o 'ella es una mujer sabia'."[75] Previo a la Reforma, la gente

8.4 Las mujeres viejas y pobres con mayor frecuencia eran las primeras en ser acusadas de brujería.

común de Europa confiaba en las mujeres y los hombres sabios para el tratamiento de las enfermedades, antes que en los miembros de la iglesia, monjes o médicos. Robert Burton escribió en 1621:

> *Los hechiceros son demasiado comunes; astutos hombres, hechiceros y brujas blancas, como les llaman, en cada poblado, quienes, si se les procura, ayudarán a casi todas las debilidades de cuerpo y mente.*[76]

Combinando su conocimiento sobre hierbas medicinales con una petición de asistencia divina, estos curanderos proporcionaban una medicina más asequible y con mayor frecuencia más eficaz que la medicina disponible en otra parte. Los miembros de la iglesia durante la Reforma se oponían a la naturaleza mágica de esta clase de curación, a la preferencia que la gente tenía por ella por encima de la curación que ofrecían la Iglesia o los médicos facultados por la Iglesia, y al poder que otorgaba a las mujeres.

Hasta que llegó el terror de las cacerías de brujas, la mayoría de la gente no comprendía por qué los curanderos exitosos debían ser considerados como malignos. "Los hombres prefieren defenderlos," escribió John Stearne, "y decir por qué debe cualquier hombre ser cuestionado por hacer el bien."[77] Como un monje de Santa Brígida de principios del siglo XVI relató sobre "la gente sencilla": "Yo mismo los he escuchado decir con frecuencia... 'Caballero, tenemos buenas intenciones y creemos en el bien, y consideramos un acto bueno y caritativo curar a una persona enferma o a una bestia enferma'..."[78] Y en 1555, Joan Tyrry afirmó que "sus acciones para curar hombres y bestias, por el poder de Dios que le fue enseñado por las... hadas, es tanto divino como bueno..."[79]

De hecho, en sí las invocaciones utilizadas por las mujeres sabias suenan bastante cristianas. Por ejemplo, un poema de 1610 recitado al recolectar la hierba verbena, también conocida como hierba de San Juan, dice:

Bendita seas verbena, que creces en la tierra / Pues en el monte del Calvario ahí fuiste encontrada por primera vez / Tú sanaste a nuestro Salvador, Jesucristo, y restañaste su sangrante herida / En el nombre del Padre, el Hijo, y el Espíritu Santo / te recojo de la tierra.[80]

Pero en opinión de los cristianos ortodoxos, tales curaciones otorgaba a la gente el poder de determinar el curso de sus vidas, en lugar de someterse impotentemente a la voluntad de Dios. Según los miembros de la iglesia, la salud debe venir de Dios, no de los esfuerzos de los seres humanos. El Obispo Hall dijo: "nosotros que no tenemos poder alguno para pedir, debemos rezar..."[81] Las cortes eclesiásticas hacían que los clientes de las brujas confesaran públicamente el estar "arrepentidos de todo corazón por buscar la ayuda del hombre, y rechazar la ayuda de Dios..."[82] Un predicador isabelino explicaba que cualquier curación "no se hace mediante conjuros o adivinación, como los sacerdotes papistas profesan y practican, sino suplicando al Señor humildemente en ayuno y oración..."[83] Y según Calvino, ninguna medicina podía cambiar el curso de los sucesos, que ya había sido determinado por el Todopoderoso.[84]

Los predicadores y los médicos masculinos facultados por la Iglesia trataron de cumplir la función del curandero. Sin embargo, sus mediaciones a menudo eran consideradas ineficaces comparadas con las de una mujer sabia. El guardián de la prisión de Cantebury admitió haber liberado a una mujer sabia encarcelada en 1570 porque "la bruja hacía más bien con sus remedios que el Sr. Pudall o el Sr. Wood, siendo predicadores de la palabra

---

8.5 La plantaina, hierba representada en este grabado en madera medieval, era utilizada como remedio contra mordeduras de serpiente y picaduras de alacrán. Era una de muchas hierbas utilizadas por los curanderos. Dirigiendo sus ataques en contra de cualquiera con conocimientos de las propiedades medicinales de las plantas, las cacerías de brujas prácticamente destruyeron la tradición herbaria occidental.

de Dios..."[85] Un personaje en el *Diálogo Respecto a las Brujas* de 1593, dijo sobre una mujer sabia local: "ella hace más bien en un año que cuanto todos estos hombres de Biblia harán mientras vivan..."[86]

Incluso los médicos masculinos facultados por la Iglesia, quienes se apoyaban en purgas, sangrías, fumigaciones, sanguijuelas, lancetas y químicos tóxicos tales como el mercurio, eran débiles rivales para el conocimiento sobre las hierbas de una mujer sabia experimentada.[87] Como preguntó el famoso médico Paracelso: "¿...acaso la vieja enfermera no vence con gran frecuencia al doctor?"[88] Incluso Francis Bacon, quien demostraba muy poco respeto por las mujeres, pensaba que "los empíricos y las ancianas" eran "más felices muchas veces con sus curaciones que los médicos eruditos..."[89]

Los médicos a menudo le atribuían su propia incompetencia a la brujería. Como escribió Thomas Ady:

> La razón es ignorantiae pallium maleficium et incantatio — *un manto para la ignorancia de un médico. Cuando él no puede encontrar la naturaleza de la enfermedad, él dice que el individuo está embrujado.*[90]

Cuando una enfermedad no podía ser comprendida, se sabía que hasta la más alta corporación de Inglaterra, el Colegio Real de Médicos de Londres, aceptaba la explicación de brujería.[91]

No fue sorprendente que los miembros de la iglesia representaban a la mujer curandera como la más malévola de todas las brujas. William Perkins declaró: "El más horrible y detestable monstruo... es la bruja *buena*."[92] En su definición de la brujería, la Iglesia incluía a cualquiera con conocimientos de hierbas, pues "quienes usaban hierbas para curaciones lo hacían únicamente mediante un pacto con el Diablo, fuese explícito o implícito."[93] Por mucho tiempo, la medicina había estado asociada con las hierbas y la magia. Las palabras griegas y latinas para medicina, "pharmakeia" y "veneficium", significaban tanto "magia" como "drogas".[94] La sola posesión de aceites o linimentos herbales se volvía motivo de acusación por brujería.[95] La habilidad curativa de una persona conducía fácilmente a la condena por brujería. En 1590, una mujer en North Berwick fue sospechosa de brujería porque ella curaba "a todos los que estaban acongojados o afligidos con cualquier clase de enfermedad o debilidad."[96] El enfermizo arzobispo de San Andrés recurrió a Alison Peirsoun de Byrehill, y luego, después de que ella lo curó exitosamente, no sólo se negó a pagarle, sino que mandó arrestarla por brujería y quemarla hasta la muerte.[97] El simple hecho de dar tratamiento a los niños enfermos lavándolos, fue la causa para condenar a una mujer escocesa por brujería.[98]

Los cazadores de brujas también dirigían sus ataques contra las parteras. Los cristianos ortodoxos creían que el acto de dar a luz manchaba tanto a la madre como al hijo. A fin de ser admitida de nuevo a la Iglesia, la madre debía ser purificada mediante la costumbre conocida como "churching", que consistía de un periodo de aislamiento de cuarenta días si su bebé era niño, y ochenta días si su bebé era niña, durante el cual tanto ella como su bebé eran considerados paganos. Algunos pensaban que a una mujer que muriese durante este periodo debía negársele un entierro cristiano. Hasta la Reforma, las parteras eran consideradas necesarias para hacerse cargo de lo que era calificado como el sucio asunto de dar a luz, una profesión deshonrosa que era mejor dejar en manos de las mujeres. Pero con la Reforma vino una creciente consciencia del poder de las parteras. Las parteras ahora eran sospechosas de poseer la destreza para abortar un feto, educar a las mujeres sobre técnicas de control de natalidad,* y mitigar los dolores de parto de una mujer.[99]

---

* La evidencia escrita sobre anticonceptivos herbales se remonta cuando menos a 1,900 a. de J.C. (Noonan, 23). Durante la Edad Media, la información sobre anticonceptivos era transmitida por curanderos y parteras.

El probable conocimiento de una partera sobre las hierbas para calmar los dolores de parto era considerado como una afrenta directa al dolor de parto por orden divina. En opinión de los miembros de la iglesia, la sentencia de Dios sobre Eva debía aplicarse a todas las mujeres. Como se afirma en el Génesis:

> *A la mujer [Dios] le dijo: Multiplicaré tus sufrimientos en los embarazos. Con dolor darás a luz a tus hijos, necesitarás de tu marido, y él te dominará.*[100]

Mitigar los dolores de parto, como decían los clérigos escoceses, sería "viciar la maldición primordial de la mujer..."[101] La introducción del cloroformo para ayudar a una mujer a sobreponerse a los dolores de parto produjo la misma oposición. Según un ministro de Nueva Inglaterra:

> *El cloroformo es un señuelo de Satanás, aparentemente ofreciéndose para bendecir a las mujeres; pero al final endurecerá a la sociedad y robará a Dios de los profundos e intensos gritos que surgen en tiempos de dificultad, pidiendo ayuda.*[102]

Martín Lutero escribió: "Si [las mujeres] se cansan o incluso mueren, eso no importa. Dejadlas morir en el parto — para eso están ahí."[103] Difícilmente sorprende que las mujeres que no sólo poseían conocimientos medicinales, sino que también utilizaban dichos conocimientos para reconfortar y cuidar a otras mujeres, se convirtieran en principales sospechosas de brujería.

Nunca se sabrá cuántas vidas se perdieron durante los siglos de cacerías de brujas. Algunos miembros del clero orgullosamente informaban el número de brujas que habían condenado, como el obispo de Würtzburg, quien cobró 1,900 vidas en cinco años, o el prelado luterano Benedicto Carpzov que afirmó haber sentenciado a 20,000 adoradores del diablo.[104] Pero la gran mayoría de registros se ha perdido y es dudoso que tales documentos hayan registrado a los asesinados fuera de las cortes.

Relatos contemporáneos insinúan el alcance del holocausto. Barbara Walker escribe que "el cronista de Tréveris informó que en el año de 1586, la población entera femenina de dos poblados fue aniquilada por los inquisidores, excepto por sólo dos mujeres que quedaron vivas."[105] Alrededor de 1600, un hombre escribió:

> *Alemania está ocupada casi enteramente en construir*
> *hogueras para las brujas... Suiza ha sido obligada a*
> *arrasar con muchos de sus poblados por su culpa. Los*
> *viajeros en Lorena pueden ver miles y miles de las*
> *estacas en que las brujas son atadas.*[106]

Si bien la persecución formal de brujas hizo furor desde aproximadamente 1450 hasta 1750, matanzas esporádicas de mujeres por causa de sospechas de brujería ha continuado hasta tiempos recientes. En 1928, una familia de campesinos húngaros fueron absueltos de matar a golpes a una anciana que según ellos era una bruja. La corte basó su decisión en el motivo de que la familia había actuado por "compulsión irresistible".[107] En 1976, una solterona pobre, Elizabeth Hahn, fue sospechosa de brujería y de mantener espíritus protectores o agentes del diablo, en la forma de perros. Los vecinos en su pequeño poblado alemán la aislaron, le lanzaron rocas, y amenazaron con matarla a golpes antes de quemar su casa, causándole graves quemaduras y matando a sus animales.[108] Un año más tarde en Francia, un anciano fue muerto por aparente hechicería.[109] Y en 1981, una turba en México mató a pedradas a una mujer por su aparente brujería, que según ellos había incitado el ataque sobre el Papa Juan Pablo II.[110]

Las cacerías de brujas no fueron ni cortas de alcance ni efectuadas por unos cuantos individuos aberrantes; la persecución de brujas era la política oficial de las Iglesias tanto Católica como Protestante.[111] La Iglesia inventó el crimen de la brujería, estableció el proceso mediante el cual juzgarlo, y luego insistió en que las brujas fuesen juzgadas. Después de que gran parte de la sociedad había rechazado a la brujería clasificándola de quimera, algunos de los últimos en insistir en la validez de la brujería se hallaban entre el clero.[112] Con el pretexto primero de la herejía y luego de la brujería, uno podía deshacerse de cualquiera que cuestionara la autoridad o la perspectiva cristiana sobre el mundo.

La cacería de brujas aseguró la conversión de Europa al cristianismo ortodoxo. Mediante el terror de las cacerías de brujas, los cristianos de la Reforma convencían a la gente común de creer que un Dios singular masculino reinaba desde arriba, que estaba separado de la tierra, que la magia era maligna, que existía un diablo poderoso, y que lo más probable era que las mujeres fuesen sus agentes. Como producto secundario de las cacerías de brujas, el campo de la medicina se transfirió a manos exclusivamente masculinas, y la tradición herbaria occidental fue destruida en su mayor parte. El vasto número de personas brutalmente tratadas y asesinadas, así como el impacto en la percepción común de Dios, hacen de las cacerías de brujas uno de los capítulos más oscuros de la historia humana.

Enajenación de la Naturaleza

E l cristianismo ha distanciado a la humanidad de la naturaleza. A medida que las personas llegaron a percibir a Dios como una supremacía singular separada del mundo físico, perdieron su reverencia por la naturaleza. En opinión de los cristianos, el mundo físico se convirtió en el reino del diablo. Una sociedad que alguna vez había celebrado a la naturaleza mediante festivales estacionales, comenzó a conmemorar sucesos bíblicos sin conexión alguna con la tierra. Las festividades perdieron gran parte de su naturaleza celebrante y adoptaron un tono de penitencia y pesar. El tiempo, que alguna vez fue considerado cíclico como las estaciones, ahora era percibido como lineal. En su rechazo por la naturaleza cíclica de la vida, los cristianos ortodoxos llegaron a enfocarse más en la muerte que en la vida.

Mundanalidad es sinónimo de pecaminosidad a lo largo de gran parte de la Biblia. Por ejemplo, la Epístola a los Colosenses declara:

> *Haced morir, pues, lo terrenal en vosotros: fornicación, impureza, pasiones desordenadas, malos deseos y avaricia, que es idolatría; cosas por las cuales la ira de Dios viene sobre los hijos de desobediencia.*[1]

Un mensaje similar también se encuentra en Santiago: "Esta sabiduría [celos amargos y ambiciones en vuestro corazón] no es la que desciende de lo alto, sino terrenal, animal, diabólica."[2] Pablo describe a los enemigos de la cruz de Cristo como gente "cuyo Dios es el vientre... que sólo piensan en lo terrenal."[3] El mensaje es claro: la tierra es impía.

La Biblia sugiere que fue Dios mismo quien ordenó el antagonismo entre la humanidad y la naturaleza. Dios castiga a Adán por haber comido del árbol prohibido del conocimiento. Le dice a Adán:

...*maldita sea la tierra por tu culpa; con fatiga saca-rás de ella tu alimento por todos los días de tu vida. Espinas y cardos te dará, y comerás la hierba del campo...*[4]

En agudo contraste con las tradiciones anteriores en que la armonía con la naturaleza era signo de divinidad, los cristianos ortodoxos entendían que Dios había ordenado que la tierra se tornara extraña y hostil.

En cambio, la naturaleza era considerada como el reino del diablo. La Iglesia eligió la imagen de Pan, el dios griego de la naturaleza, para representar al diablo. El hombre con cuernos, pezuñas y patas de cabra había estado asociado con un número de figuras de fertilidad, y previamente había sido considerado esencial para el bienestar rural. Se pensaba que con la guía de Pan, todas las criaturas míticas de la tierra trabajaban en armonía: hadas, duendes y devas. Se creía que el talento de Pan con la flauta llenaba bosques y pasturas con música encantada. Su nombre, "Pan", significaba "todo" y "pan". Pero, particularmente después del fin del milenio cuando la Iglesia autorizó las representaciones específicas del diablo, el difamado Pan llegó a evocar terror o "pánico" como la imagen de satanás.

9.1 El dios griego Pan estaba asociado con la naturaleza y la fertilidad antes de que los cristianos difamaran su imagen como la del diablo.

XXII   *Cuifoli Pastorali*

La percibida separación entre naturaleza y Dios afectó el tratamiento a los animales. El erudito canonizado del siglo XIII, Tomás de Aquino, declaró que los animales no tienen vida después de la muerte, que carecen de derechos inherentes, y que "por un decreto sumamente justo del Creador, tanto su vida como su muerte están sujetas a nuestro uso."[5] A menudo se pensaba que los animales eran agentes del diablo. En su libro *Abastece a la Tierra*, editado en 1991, Lewis Regenstein escribe que:

> ...*en los diez siglos anteriores al actual, existen relatos de los juicios, la tortura y ejecución (a menudo en la horca) de cientos de animales, principalmente por cortes eclesiásticas actuando bajo la hipótesis de que los animales pueden ser usados por el diablo para hacer su trabajo.*[6]

La Inquisición esparció la aterradora creencia en los hombres lobos.[7] Y en 1484, el Papa Inocencio VIII oficialmente ordenó que los gatos domésticos fuesen quemados junto con las brujas, práctica que continuó durante los siglos de cacerías de brujas.[8]

La creencia que los animales eran agentes del diablo contribuyó al colapso del control natural de roedores. Los fervorosos cristianos con mayor frecuencia dirigían sus ataques contra gatos, lobos, serpientes, zorros, gallinas y gallos blancos como animales que debían ser eliminados. Puesto que muchos de estos animales ayudaban a controlar la población de roedores destructores de cosechas y transmisores de peste, su eliminación acrecentó los brotes de peste.[9] Para empeorar las cosas, los médicos facultados por la Iglesia mandaron matar a gatos y perros durante los tiempos de peste, pensando que esto detendría la infección.[10] Por supuesto, todo lo contrario era cierto.

La Iglesia pasó siglos prohibiendo las demostraciones de reverencia que involucraran a la naturaleza. El culto debía llevarse a cabo bajo techo, lejos de los elementos naturales. Los cristianos destruían los templos al aire libre y en su lugar

construían iglesias con techos. La Iglesia condenaba la veneración de árboles y manantiales en donde la gente solía colocar
velas o adornos. El obispo del siglo VI Martín de Braga preguntó:
"¿Pero qué es el encendido de luces de cera en rocas o árboles o
manantiales o encrucijadas, si no es adoración al diablo?"[11] Las
Ordenanzas Generales de Carlomagno en el año 789 decretaron:

> *Con respecto a los árboles, y rocas y manantiales,*
> *dondequiera que la gente coloque luces o efectúe*
> *otros ritos, notificamos a todos que ésta es una prác-*
> *tica sumamente maligna, execrable para Dios, y*
> *dondequiera que se les encuentre, habrán de ser*
> *llevados y destruidos.*[12]

Las historias intentaban mostrar que el poder elemental de
los árboles, las arboledas y la naturaleza se había sometido a
Cristo. Se dice que San Martín de Tours en el siglo V se paró
debajo de un venerado pino mientras ordenaba que el árbol
fuese talado. A medida que el árbol caía sobre él, Martín hizo el
signo de la cruz y el árbol volvió a levantarse solo para caer lejos
de él. Una historia similar tiene que ver con el misionero del siglo
VIII San Bonifacio en Hesse. Mientras talaba un roble sagrado, se
dice que el tronco del árbol estalló en cuatro partes iguales que
aterrizaron en la forma de una cruz. Y en un manuscrito del siglo
XII está representada una escena en la que una mujer ciega está
levantando un hacha hacia un árbol. A pesar de la presencia de
los espíritus del árbol que se elevan horrorizados, un obispo está
de pie junto a ella bendiciendo su acción. En lugar de sufrir
alguna consecuencia terrible, la mujer recupera la vista.[13] Según
tales historias, el poder sobrenatural de la tierra se había sometido al poder del Dios cristiano celestial.

Pero hasta la Reforma y las cacerías de brujas, la mayoría de
la gente no creía en esto. Incapaz de convencer a la gente de la
ausencia de Dios en la naturaleza, inicialmente la Iglesia en
cambio incorporó ciertos aspectos del mismo culto a la naturaleza que reprobaba, de la misma manera como desarrollaba la

magia eclesiástica cuando no podía eliminar la magia pagana. Las imágenes de figuras de fertilidad arquetípicas, generalmente masculinas, a veces con cuernos, a veces cubiertas de follaje y vomitando vegetación, se abrieron paso hacia la iconografía cristiana y la ilustración de manuscritos. Las hojas llegaron a ser un motivo frecuente en el arte cristiano. Los árboles que tradicionalmente habían sido venerados, a menudo aparecían en los patios de las iglesias.[14] Y se esculpían las columnas de las iglesias para que simularan troncos de árbol y quizás incluso el mítico árbol de la vida.[15] En sus intentos por asimilar a la gente que aún veneraba la divinidad manifiesta en la naturaleza, la Iglesia incorporó las imágenes mismas que, a insistencia de los ortodoxos, estaban ligadas con el diablo.

FESTIVIDADES

La Iglesia también incorporó los festivales paganos anuales y los días festivos, afirmando que eran cristianos. La gente solía marcar las estaciones con celebraciones y rituales que integraban sus actividades con los ciclos de la tierra. La Iglesia ubicó las festividades cristianas a fin de que coincidieran con estos festivales más antiguos, con la esperanza de obtener más fácil aceptación y reconocimiento para su nueva religión. Si bien el significado tradicional de la mayoría de estas festividades no tenían nada que ver con el cristianismo ortodoxo, la Iglesia usualmente toleraba los rituales más antiguos a medida que intentaba enseñar un nuevo significado bíblico. No fue sino

---

9.2 Este grabado medieval en madera sugiere el tipo de historia esparcida por la Iglesia con la esperanza de persuadir a la gente de abandonar su veneración a la naturaleza. En tales historias, los cristianos talaban árboles sagrados con impunidad a fin de mostrar cómo el poder de la naturaleza se había sometido al poder del Dios cristiano.

hasta la Reforma que los cristianos ortodoxos insistieron en abolir la más antigua importancia de las festividades con orientaciones hacia la naturaleza.

El ciclo del año, tanto en el cambio de las cuatro estaciones como en el punto culminante de cada estación, solía albergar gran importancia. El solsticio de invierno, el día más oscuro del año, era un tiempo de renacimiento. A menudo estaba simbolizado con el nacimiento de una figura masculina de fertilidad anual, una representación del nuevo sol del año. El punto culminante del invierno, en una posición intermedia entre el solsticio de invierno y el equinoccio de primavera, era un tiempo para alimentar a esa nueva vida. La primavera tenía que ver con alentar la fertilidad, cuando el sol y la tierra se unían para producir más tarde la abundancia de la cosecha y la generosidad de la caza. Desde el solsticio de verano y a lo largo de todo el otoño, la energía del sol se transfería a los cultivos. El punto culminante del verano y el equinoccio de otoño eran celebraciones por la cosecha y la generosidad del año. El final del año, cuando los campos yacían inactivos y la tierra parecía morir en el punto culminante del otoño, era un tiempo para honrar a los muertos y soltar el pasado.

Adoptando estos festivales como cristianos, la Iglesia inicialmente buscó ganarse la lealtad del pueblo, así como aprovechar la vitalidad de tales festivales. Si bien no existe nada que señale el momento verdadero del nacimiento de Jesús, tal suceso se correlacionaba más fácilmente con los festivales del solsticio de invierno. La celebración romana del nacimiento del dios del sol Mitra, por ejemplo, también había sido observada el 25 de diciembre. En Egipto y Siria antes del cristianismo, un ritual de solsticio de invierno incluía participantes que se retiraban dentro del refugio con forma de vientre de los templos hasta la medianoche, momento en el cual aparecían proclamando a son de trompetas: "¡La Virgen ha dado a luz! ¡La luz está creciendo!"[16] A pesar de las amonestaciones de Tertuliano, San Agustín y el

Papa León I en contra de celebrar tal festividad,[17] la Iglesia adoptó el solsticio de invierno como Navidad. El nacimiento del sol de Dios durante el solsticio fácilmente se correlacionó al nacimiento del hijo de Dios.*

Una celebración egipcia de solsticio de invierno por el nacimiento de Osiris, la representación divina de la fertilidad masculina, el 6 de enero, se convirtió en la Epifanía Cristiana.[18] La Iglesia declaró que significaba la manifestación de la divinidad de Jesús. Sin embargo, el espíritu tanto de la Navidad como de la Epifanía Cristiana daban forma a las eternas celebraciones del solsticio de invierno. La diferencia entre ellas se debía más a una diferencia en calendarios que a una diferencia en significado; el calendario egipcio estaba doce días atrás del calendario juliano.[19] Las fechas de muchas festividades actuales no caen exactamente en el solsticio, equinoccio o punto culminante de la estación por razones similares. Los medios para llevar la cuenta del tiempo variaban tremendamente. Nuestro actual calendario no fue adoptado completamente sino hasta 1751 en Inglaterra, hasta 1919 en Rusia, y hasta 1949 en China.[20]

Los festivales para señalar el punto culminante del invierno también encontraron su lugar en el Cristianismo. Ya sea que fuesen celebrados el 2 ó el 14 de febrero, las celebraciones en honor a los rostros femeninos de la divinidad tales como Brigit y Venus, quienes alentaban el arte, la poesía, la curación, el fuego y la sabiduría, se convirtieron en la Candelaria Cristiana.[21] Con el tiempo, sin embargo, la festividad perdió el significado de nutrir la creatividad y la inspiración, y en cambio conmemoró el fin del periodo de cuarenta días de purificación de María después de haber dado a luz.

La Iglesia adoptó las celebraciones del equinoccio de primavera como Pascua. Puesto que este tiempo ya había estado

---

* N. de T. - En inglés, la palabra *sun* ("sol") tiene la misma pronunciación que la palabra *son* ("hijo").

dedicado a celebrar la resurrección del sol y su regreso a la prominencia, celebrar la resurrección del hijo de Dios no requirió de grandes cambios de entendimiento. De hecho, las celebraciones de Pascua eran tan similares a las celebraciones más antiguas — particularmente aquellas que reconocían la resurrección de Adonis en Babilonia, Apolo en Grecia y Atis en Roma — que surgió una amarga controversia en la que los paganos afirmaban que la celebración cristiana de la Pascua era una imitación falsa de las tradiciones antiguas.[22] Las fogatas del equinoccio de primavera, originalmente prohibidas por la Iglesia, se abrieron paso como fuegos de Pascua hacia la liturgia oficial de Roma para el siglo IX.[23] Los símbolos de fertilidad asociados con la primavera, tales como el huevo y el increíblemente prolífico conejo, también sobrevivieron.

No obstante, a medida que se esparcía el cristianismo, los festivales de primavera y verano gradualmente perdieron su significado original. El punto culminante de la primavera se convirtió en el Pentecostés o Domingo de Pentecostés, una ceremonia no de fertilidad, sino del suceso bíblico cuando la gente hablaba en lenguas, y una conmemoración del nacimiento de la Iglesia. El solsticio de verano ya no habría de reconocer la culminación de la luz del sol, sino que habría de honrar a San Juan, quien bautizó a Cristo. Las celebraciones de la época de verano se convirtieron en festividades para la Virgen María, tales como "El Día de Hierbas de Nuestra Señora" y el Día de la Asunción, el día en que María fue "asumida" hacia los cielos.[24]

Las celebraciones del equinoccio de otoño fueron incorporadas como la Fiesta de San Miguel (fiesta del arcángel Miguel, el conquistador de satanás) y la Natividad de María. La gratitud por la cosecha, y la bendición de las hierbas medicinales del año, de montañas aledañas, o del océano, permanecieron como parte

---

La siguiente tabla compendia las celebraciones estacionales y las correspondientes festividades cristianas.

TIEMPO DEL AÑO	TRADICIÓN PRECRISTIANA O PAGANA	ADAPTACIÓN CRISTIANA
Solsticio de Invierno	Lo femenino da a luz al sol o a una figura masculina de fertilidad. A menudo celebrado con fogatas de natividad, procesiones de luz, decoración de árboles.	Epifanía Cristiana
Época de Invierno	Un tiempo para nutrir y honrar la inspiración y la creatividad. Prácticas comunes que incluían festivales de luz, portar máscaras y pieles de animales con la esperanza de aumentar el abastecimiento del año siguiente.	Candelaria
Equinoccio de Primavera	El sol es resucitado y gana prominencia sobre la noche. Celebraciones de fertilidad que incluían símbolos como el huevo y la prolífica liebre.	Pascua
Época de Primavera	El apareamiento de la tierra y el cielo del cual surgirá la cosecha del año. A menudo celebrado con danzas de cintas y decorados con follaje nuevo.	Pentecostés Fiesta de la Ascensión
Solsticio de Verano	Punto culminante de la luz del sol. Celebrado con enormes fogatas, quema de hierbas aromáticas, decorado con flores.	Fiesta de San Juan
Época de Verano	La energía del sol se transfiere a los cultivos. Bendiciones rituales de las cosechas, las hierbas, los campos, las montañas y el mar. Confección de figuras de muñecas de granos.	Día de la Asunción
Equinoccio de Otoño	Un tiempo de gratitud por la cosecha. Fiestas y decorados con frutas, granos y vegetales otoñales.	Fiesta de San Miguel Natividad de María
Época de Otoño	Reconocimiento de la terminación del año. Honrar a los muertos, honrar y soltar el pasado.	Día de Difuntos Día de Todos los Santos

de estas festividades otoñales. Hasta la fecha, templos de María cubiertos con mazorcas que asemejan las figuras paganas de grano más antiguas pueden encontrarse durante el otoño.[25]

Se creía que el punto culminante del otoño, el fin del ciclo anual de la tierra, era un tiempo en que el velo que separa el mundo de los vivos del mundo de los muertos se vuelve muy delgado. A pesar de los intentos de la Iglesia por evitar la celebración de esta festividad, para el siglo IX la fiesta del Día de Todos los Santos había sido movida al primero de noviembre, y para el año 1045, los monasterios de Cluny habían comenzado a celebrar la ocasión como "día de todos los difuntos".[26] La más antigua importancia de la estación, orientada hacia la naturaleza, no obstante sobrevivió más plenamente en la celebración secular de *Halloween* (víspera del Día de Todos los Santos).

Los paganos también celebraban los ciclos de la luna. A menudo estos festivales incluían la veneración a las facetas femeninas de Dios. Los teólogos cristianos condenaban las celebraciones dedicadas a los ciclos de la luna, llamados *la Luna* (sic), como locura o "lunatismo", mientras que San Agustín censuró las danzas de mujeres en honor a la luna nueva como "impúdicas y sucias".[27] Cuando la Iglesia no podía detener tales celebraciones, sin embargo, otra vez las incorporaba dentro del calendario cristiano, usualmente so pretexto de honrar a María. La Iglesia formalmente reconoció las siguientes: el día que Santa Ana concibió a María, el 8 de diciembre; el día que nació María, el 8 de septiembre; el día que la concepción de Jesús le fue anunciada a María, también llamada la Anunciación, el 25 de marzo; el día que María fue purificada de haber dado a luz, el 2 ó el 14 de febrero; y el día que María fue asumida hacia los cielos, o la Asunción, el 15 de agosto. Las celebraciones no oficiales de María eran aún más numerosas.

9.4 Gran parte de la reverencia precristiana hacia la divinidad femenina se transfirió al culto a la Virgen María y dio como resultado las festividades en su honor a lo largo del año.

CELEBRACIÓN

Si bien el adoptar los festivales orientados hacia la naturaleza ayudó a reunir miembros para la Iglesia temprana, el espíritu de celebración de estos festivales estaba en pugna con el ascetismo y la solemnidad de los ortodoxos. Como advirtió Guillaume Briçonnet en el siglo XVI: "Los días festivos no son para el placer del cuerpo, sino para la salvación del alma; no para la risa y el holgorio, sino para el llanto."[28] Con la Reforma, tanto la Iglesia Protestante como la Católica intentaron abolir no sólo las prácticas orientadas hacia la naturaleza de los festivales, sino también el espíritu alegre que los acompañaba. Las festividades ahora debían ser conmemoraciones estrictas de sucesos bíblicos que no tenían conexión alguna con las estaciones de la tierra.

La Iglesia identificó como prácticas paganas a aquellas que exhibieran ya sea disfrute o una conexión con la naturaleza. La reverencia por la naturaleza estaba ligada tan cercanamente con las expresiones de alegría que San Agustín pensaba que la palabra "júbilo" provenía de *jubilus*, canción tarareada por quienes cuidaban de vides y olivos.[29] En el siglo IX, el Sínodo de Roma relató: "Mucha gente, en su mayoría mujeres, vienen a la iglesia los domingos y días sagrados no para asistir a Misa, sino para bailar, cantar canciones atrevidas, y hacer otras cosas paganas parecidas."[30] El *Cathéchisme de Meaux* describe ciertas prácticas paganas:

> *Bailar alrededor del fuego, jugar, celebrar fiestas, cantar canciones vulgares, arrojar hierbas sobre el fuego, recolectar hierbas antes de la medianoche o antes del desayuno, vestir con hierbas, guardarlas durante todo el año, guardar tizones o cenizas del fuego y cosas por el estilo...*[31]

Bailar era particularmente ofensivo para los cristianos ortodoxos. En los siglos VI y VII, las danzas eclesiásticas fueron

prohibidas por ser demasiado sensuales y demasiado disfruta-
das por las mujeres. Los inquisidores afirmaban que tanto las
mujeres como los adoradores del diablo bailaban.[32] La danza era
signo de decadencia espiritual para los ministros puritanos de
Nueva Inglaterra, quienes en 1684 publicaron un panfleto titulado *Una Saeta contra la Danza Profana y Promiscua, extraída del
Carcaj de las Escrituras.*[33] Un himno misionero del siglo XVIII
advierte que satanás

> *...se desliza por la carne*
> *de hombres y damas que danzan*
> *para sostenerlos en la red*
> *de sus calientes y amorosas flamas.*[34]

Ciertamente no todos los cristianos estaban de acuerdo con los
ortodoxos. En las *Actas de Juan*, por ejemplo, Jesús bailó y dijo:

> *Al Universo le pertenece el bailarín, Aquél que no*
> *baila no sabe lo que sucede. Ahora si sigues mi danza,*
> *mírate a ti mismo en mí.*[35]

Para los ortodoxos, ni la naturaleza ni el placer físico estaban
imbuidos de la presencia de Dios; ambas cosas pertenecían al
diablo. Durante mucho tiempo la Iglesia había censurado al
placer sensual como impío. Como el Obispo de Chartres, Sir
John de Salisbury, declaró en el siglo XII:

> *¿Quién, excepto uno privado de sentido, aprobaría*
> *del placer sensual mismo, el cual es ilícito, se revuel-*
> *ca en la suciedad, es algo que los hombres censuran,*
> *y que Dios sin duda condena?*[36]

Las festividades habían implicado tanto alborozo y placer que el
Obispo de Autun escribió en 1657: "No es apropiado multiplicar
las festividades obligatorias por miedo a multiplicar las ocasiones de pecado..."[37]

Con la Reforma vino la demanda de detener o abolir el
carácter de celebración y orientado hacia la naturaleza de las
festividades. La risa y el bullicio eran considerados inapropiados

para los cristianos trabados en diario combate contra satanás. Los cristianos ortodoxos querían prohibir los mayos y los bailes dominicales, las gaitas y los violinistas que acompañaban a las parejas nupciales a la Iglesia, el lanzamiento de maíz, y la distribución de dádivas a los pobres, por ser considerados "supersticiosos y hedonistas."[38] Las celebraciones nupciales, según los magistrados y ministros de Nueva Inglaterra, no deberían resultar en "irregularidades bulliciosas o impúdicas".[39] Una ley en 1639 prohibió la costumbre de hacer brindis o de beber a la salud de otro como práctica pagana "abominable".[40] Uno no debía trasladarse a la taberna después de las reuniones, y las ocasiones orientadas hacia la naturaleza, como la limpieza de las cosechas, no debían degenerar en ocasiones de alborozo.[41]

En 1647, el Parlamento inglés ordenó que la Navidad, junto con otras festividades paganas, debía dejar de ser celebrada. Una acta parlamentaria de 1652 repetía que "no habrá de efectuarse celebración alguna el veinticinco de diciembre, comúnmente llamado día de Navidad; ni cualquier solemnidad usada o ejercitada en las iglesias a ese respecto."[42] El mercado debía mantenerse y las tiendas debían permanecer abiertas el día de Navidad.[43] En Nueva Inglaterra, donde la celebración de la Navidad era considerada una ofensa criminal y permaneció prohibida hasta la segunda mitad del siglo XIX, una persona atrapada celebrando la Navidad estaba sujeta a terminar en el potro de tortura o el poste de flagelación.[44] Los dueños de fábricas cambiaron las horas de funcionamiento para las 5:00 a.m. en Navidad, y amenazaban con cesar a quienes llegaban tarde. Incluso hasta 1870 en Boston, los estudiantes que no asistieran a las escuelas públicas en Navidad eran castigados con la destitución pública.[45]

9.5 Los cristianos ortodoxos, particularmente durante la Reforma, redujeron los festivales y las celebraciones grandes. En algunos países incluso la Navidad fue prohibida, junto con otras festividades "paganas".

Las prácticas que tenían que ver con la naturaleza durante las festividades fueron reducidas. Los cristianos ortodoxos cesaron las procesiones de Iglesia alrededor de pueblos y campos, que tenían la intención de bendecir los cultivos, pedir un cambio de clima, o solicitar protección contra los insectos. Suprimieron la práctica de recolectar ramas, follaje y flores que serían llevados de regreso a la iglesia.[46] La Adición de 1683 a la constitución de la diócesis de Annecy decía:

> ...nosotros ordenamos a la gente, bajo pena de excomunión, a suprimir y abolir enteramente las antorchas y los fuegos encendidos habitualmente el primer domingo de Cuaresma... y las mascaradas... que tan sólo son reliquias del Paganismo.[47]

Los esfuerzos por abolir el paganismo se centraban en eliminar la reverencia y el goce tanto de la naturaleza como de la energía femenina. No fue sorprendente que las imágenes usadas en referencia a la naturaleza a menudo tenían fuertes alusiones sexuales. Francis Bacon, cuya meta era "tratar de establecer el poder y dominio de la raza humana misma sobre el universo", con frecuencia utilizaba tales imágenes.[48] En su libro *El Renacimiento de la Naturaleza*, Rupert Sheldrake escribe:

> Usando metáforas derivadas de técnicas contemporáneas de interrogación y tortura de brujas, [Francis Bacon] proclamaba que la naturaleza 'se exhibe a sí misma más claramente bajo las tribulaciones y vejaciones del arte [artefactos mecánicos] que cuando se le deja sola.' En la inquisición de la verdad, los 'hoyos y rincones' secretos de la naturaleza debían ser traspasados y penetrados. La naturaleza debía ser 'destinada al servicio' y convertida en 'esclava' y 'puesta bajo constreñimiento'. Ella sería 'disecada', y por las artes mecánicas y la mano del hombre, ella podía ser 'forzada fuera de su estado natural y 'expri-

mida y moldeada', de tal forma que 'el conocimiento humano y el poder humano coincidan en uno solo. [49]
La naturaleza debía ser conquistada, no gozada, y ciertamente no reverenciada.

Una tétrica melancolía llegó a distinguir a los cristianos. Ya para el siglo XII, el Abad Ruperto de Deutz intentó defender la lobreguez de una festividad cristiana:

> *No es un ayuno para ponernos tristes u oscurecer nuestros corazones, sino más bien ilumina la solemnidad del arribo del Espíritu Santo; pues la dulzura del Espíritu de Dios hace que los fieles aborrezcan los placeres del alimento terrenal.* [50]

Para el siglo XVIII, se pensaba que "aburrido" y "piadoso" eran sinónimos. [51] En 1746, Diderot describió los extremos de la "infelicidad" cristiana:

> *¡Qué gritos! ¡Qué chillidos! ¡Qué gemidos! ¿Quién ha aprisionado a todos estos afligidos cadáveres? ¿Qué crímenes han cometido todos estos desdichados? Algunos están golpeando sus pechos con piedras, otros están despedazando cuerpos con ganchos o golpeando sus pechos con hierro; el remordimiento, el dolor y la muerte acechan en sus ojos...* [52]

Como comentó un hombre durante la Reforma: "Inglaterra nunca volvió a ser alegre desde que fuimos inculcados a venir a la iglesia." [53]

EL TIEMPO

Los cristianos fomentaron un nuevo concepto del tiempo que similarmente no tenía conexión alguna con los ciclos de la naturaleza. Hasta la Reforma, la mayoría de la gente entendía

que el tiempo era cíclico. Los cristianos de la Reforma, sin embargo, adoptaron la idea de San Agustín sobre el tiempo lineal. Agustín describió la teoría pagana de los ciclos, *circuitus temporum*, como:

>...aquellas argumentaciones mediante las cuales el infiel busca socavar nuestra fe simple, arrastrándonos lejos del camino recto y obligándonos a caminar con él en la rueda.[54]

Al igual que la teoría de la reencarnación, la idea del tiempo cíclico negaba la singularidad y finalidad de Jesucristo.[55] Si el tiempo forma espirales, proporcionando repetidas oportunidades para crecer y cambiar, entonces el espíritu de la vida y resurrección de Jesús teóricamente podría ser experimentado por cualquiera en cualquier momento, independientemente de la sucesión apostólica o el rango jerárquico. Además, si el tiempo es cíclico, la vida quizás no consista de tan sólo una aterradora ocasión de arrepentirse o en su lugar ser condenado para siempre, sino más bien de oportunidades ilimitadas para desarrollar una relación más cercana con Dios. Controlar a las personas es más difícil cuando ellas creen que existen muchos medios y oportunidades de regresar a Dios, aparte de la que solamente ofrece la Iglesia.

Los cristianos de la Reforma desdeñaban las creencias y prácticas asociadas con el concepto del tiempo cíclico. Se oponían a la creencia en días de buena y mala suerte, como por ejemplo, que era de mala suerte contraer matrimonio durante la

---

9.6 A medida que la gente durante la Reforma llegó a percibir la naturaleza del tiempo como lineal en lugar de cíclica, el tiempo pareció convertirse en un capataz inflexible que exigía que uno pasara cada momento cumpliendo con los propios deberes y obligaciones. Esta representación alegórica del siglo XVI muestra al tiempo recompensando la diligencia y castigando la indolencia. El concepto de tiempo lineal también asustó a muchos, obligándolos a pensar que existe una sola ocasión de recurrir a Dios, en vez de las numerosas oportunidades inherentes en el concepto del tiempo cíclico.

luna menguante, o que un pecado cometido en un día sagrado era peor que uno cometido en otro momento. El tiempo debía moverse uniformemente en línea recta sin las interrupciones y la irregularidad de las estaciones cambiantes; seis días laborales debían ser siempre seguidos por un día de descanso sabático durante todo el año.[56] Como declara un personaje puritano en una sátira contemporánea:

...era locura pasajera
considerar un día más sagrado que otro...[57]

El reloj de péndulo fue inventado en 1657 como testimonio para la creencia de que los minutos eran uniformes en duración. Para 1714, el nuevo concepto de tiempo uniforme y lineal se había vuelto lo suficientemente familiar para que un hombre escribiera, en referencia a la creencia en días de buena y mala suerte, que "algunas personas débiles e ignorantes quizás consideren tales cosas, pero los hombres de entendimiento las desprecian..."[58] Al igual que con muchos elementos del cristianismo ortodoxo, el concepto del tiempo lineal fue adoptado por la gente común sólo después de la Reforma.

LA MUERTE

Los cristianos ortodoxos también repudiaban la naturaleza cíclica de la vida física. San Pablo exhibió desprecio por el ciclo de la vida: "En el seno del deseo comienza el pecado y toma cuerpo; y el pecado una vez consumado engendra la muerte."[59] Fomentando una enajenación del sexo, el nacimiento y el cuerpo físico, los cristianos ortodoxos llegaron a enfocarse más asiduamente en la muerte, no sólo como una herramienta para evocar miedo, sino también como un fin en sí mismo.

Los teólogos cristianos entendían que el sexo, en el mejor de los casos, era permisible si se empleaba exclusivamente con propósitos de procreación — en el peor de los casos, era pecado mortal. No obstante, también creían que el nacimiento de un niño era un acto impío. La Iglesia, con sus médicos facultados, rechazaba con desdén el campo de la partería. Una mujer que muriese en el parto o sobreparto a veces se le negaba un entierro cristiano.[60] Purificar o someter a lo que se conocía como "churching" a una mujer durante 40 a 80 días después de dar a luz, era considerado esencial si ella habría de ser readmitida a la Iglesia y a la decorosa sociedad cristiana. Hasta la Virgen María — en opinión de algunas personas — necesitó ser purificada después de haber traído al mundo a Jesús.

El cristianismo ortodoxo fomentaba una enajenación del cuerpo físico en sí. La presencia de Dios, se creía, no habría de ser encontrada en el mundo físico. Pablo escribió en Corintios: "Así que vivimos confiados siempre, y sabiendo que entre tanto que estamos en el cuerpo, estamos ausentes del Señor."[61] La Biblia afirma que la vida significante y espiritual se encuentra únicamente cuando uno está separado del cuerpo físico: "Porque si vivís conforme a la carne, moriréis, mas si por el Espíritu hacéis morir las obras de la carne, viviréis."[62] "Porque el ocuparse de la carne es muerte, pero el ocuparse del Espíritu es vida y paz."[63] La vida física es considerada idéntica al pecado y a la decadencia espiritual, en tanto que se piensa que la muerte física y un repudio al bienestar físico trae la vida espiritual.

Una desatención hacia el bienestar del cuerpo físico caracterizaba al comportamiento cristiano ortodoxo desde la caída del Imperio Romano cuando los sistemas de acueductos, las casas de baño y la higiene fueron despreciados y abandonados. Los protestantes y los católicos reformados intentaban superarse unos a otros en su negligencia de higiene corporal. Como declaró el sacerdote agustino y capellán del Rey de Polonia:

> *Sigue el ejemplo de nuestro Señor, y odia tu cuerpo;*
> *si lo amas, procura perderlo, dicen las Sagradas*
> *Escrituras, a fin de salvarlo; si deseas reconciliarte*

*con él, siempre ve armado, siempre traba guerra
contra él; trátalo como esclavo, o pronto tú mismo
serás su infeliz esclavo.*[64]

En el mundo cristiano, la palabra "carnal", que significa simplemente "perteneciente al cuerpo",[65] asumió el significado de pecado e inmoralidad.

Los cristianos ortodoxos a menudo sostenían que la muerte no era parte natural de la vida, sino que más bien era un castigo. San Agustín argumentaba que la muerte existía únicamente como castigo para el pecado:

> *Por lo cual debemos decir que los primeros hombres
> en efecto fueron creados así, que si ellos no hubiesen
> pecado, no hubiesen experimentado clase alguna de
> muerte; pero que, habiéndose convertido en pecado-
> res, fueron de tal forma castigados con la muerte, que
> cualquiera que surgiera de su estirpe también debería
> ser castigado con la misma muerte.*[66]

Y:

> *... por lo tanto es acordado entre todos los cristianos
> que verdaderamente sostienen la fe católica, que
> nosotros estamos sujetos a la muerte del cuerpo, no
> por ley de la naturaleza, mediante la cual Dios no
> ordenó muerte alguna para el hombre, sino por Su
> recto castigo a causa del pecado...*[67]

Al igual que Agustín había argumentado que el pecado había creado al deseo sexual, así también creía que el pecado había creado a la muerte.

La muerte, en opinión de los ortodoxos, debía ser conquistada. Pablo escribió en la 1ª Epístola a los Corintios: "El último enemigo que será destruido es la muerte."[68] San Ignacio, obispo de Antioquía, describe cómo los Apóstoles "despreciaban a la muerte, y se encontró que se elevaban por encima de la muerte."[69] Se cree que la fe cristiana lo impregna a uno de poder sobre la muerte. En el Evangelio según Lucas, Jesús dice:

Mas los que fueren tenidos por dignos de alcanzar la otra vida y la resurrección de entre los muertos, ni se casan, ni se dan en casamiento: Porque no pueden ya más morir, pues son iguales a los ángeles, y son hijos de Dios, al ser hijos de la resurrección.[70]

En lugar de aceptar a la muerte como parte natural del ciclo de vida, los cristianos ortodoxos utilizaban a la muerte como herramienta para evocar miedo en la gente. En el siglo IV, San Pacomio aconsejó a sus monjes: "Por encima de todo, mantengamos siempre nuestro último día frente a los ojos y temamos siempre al tormento eterno."[71] La regla de San Benito manda: "Teme al Día del Juicio, teme al Infierno, desea la vida eterna con ardor enteramente espiritual, mantén la posibilidad de la muerte siempre frente a tus ojos."[72] El antiguo concepto de un mundo subterráneo al que uno iría después de la muerte para descansar y rejuvenecerse se convirtió en la aterradora idea cristiana del infierno, un lugar lleno de fuego y azufre donde uno sufre dolor y agonía eternos. La muerte, particularmente en un contexto donde existe una sola vida y una sola oportunidad de hacer lo correcto, se volvió un prospecto aterrador.

Le tomó a la Iglesia mucho tiempo, sin embargo, enseñar tal entendimiento ortodoxo de la muerte. Inicialmente la Iglesia hizo al cristianismo comprensible para el pueblo incorporando ideas precristianas. El concepto del purgatorio adoptado por la Iglesia medieval mitigó la severidad de la ideología ortodoxa. En lugar de ser enviado directamente al cielo o al infierno después de la muerte, el alma de uno podía ir al purgatorio, un lugar intermedio, para cumplir penitencia y ser castigado por los pecados antes de ser admitida en el cielo.[73] Dicho concepto también resultó ser bastante lucrativo para la Iglesia. Sosteniendo que podía influir en el destino de estas almas, la Iglesia recaudó una buena parte del dinero de la sociedad medieval por sus servicios a favor de aquellos en purgatorio.

Con la propagación del cristianismo ortodoxo durante la Reforma, sin embargo, todas las actividades que tenían que ver con la muerte como parte natural de la vida fueron aisladas y denigradas. Ya no debía uno pensar que los difuntos estaban en el purgatorio; la gente sería juzgada inmediatamente al morir y enviadas directamente al cielo o al infierno. La muerte de una persona ya no debía convertirse en una ocasión importante o considerarse como parte de un ciclo natural. Los funerales pasaron de ser grandes sucesos comunales a ser pequeños asuntos familiares.[74] Los cristianos ortodoxos intentaron prohibir el tañido de las campanas de iglesia en los funerales y el uso de vestimentas de luto especiales.[75] Los cementerios, alguna vez bulliciosos lugares de reunión, debían ser segregados de la vida diaria. Los bailes, los juegos y las actividades comerciales en los cementerios eran prohibidos rutinariamente.[76] Un decreto municipal de 1701 en Nueva Inglaterra prohibía hacer ataúdes, cavar fosas o sostener funerales en el Sabat, como actos que profanaban el día sagrado.[77]

Irónicamente, en sus intentos por conquistar a la muerte y aislarla de la vida, el cristianismo ortodoxo fomentó una preocupación por la muerte. Agustín percibía que la vida estaba completamente oscurecida por la muerte. "Pues en cuanto comenzamos a vivir en este cuerpo agonizante, comenzamos a avanzar incesantemente hacia la muerte."[78] La muerte, según los ortodoxos, podía traer la salvación. Agustín escribió:

> Pero ahora, por la más grande y más admirable gracia del Salvador el castigo del pecado está dirigido al servicio de la probidad. Pues entonces le fue proclamado al hombre: 'Si habéis pecado, habréis de morir'; ahora se le dice al mártir: 'Morid, para que no pequéis.' Luego fue dicho: 'Si vosotros quebrantáis los mandamientos, moriréis'; ahora se dice: 'Si

vosotros declináis la muerte, vosotros quebrantáis el mandamiento. [79]

En su esfuerzo por conquistarla, los cristianos ortodoxos a menudo terminaban glorificando a la muerte. Se entendía que el acto más valioso de Jesús fue, no sus milagros de curación o su mensaje de amor y paz, sino más bien su acto de morir. La Biblia declara que "el día de la muerte [es mejor] que el del nacimiento." [80] Se hizo acostumbrado llamar el día de la muerte de un Mártir al día de su "nacimiento". [81] Agustín intentó explicar por qué la muerte había asumido un carácter tan elevado:

> *No es que la muerte, que antes era una maldad, se haya vuelto buena, sino tan sólo que Dios ha otorgado su palabra a esta gracia, que la muerte, que es el opuesto admitido de la vida, deba convertirse en el instrumento por el cual la vida es alcanzada.* [82]

San Juan Címaco del siglo VII escribió: "Al igual que el pan es el más necesario de todos los alimentos, así la meditación sobre la muerte es la más importante de todas las acciones." [83] Y el destacado San Juan Crisóstomo declaró que "la principal característica [de un cristiano] es desear y amar a la muerte." [84] El cristianismo ortodoxo había asumido el carácter de una secta de muerte.

Una preocupación por la muerte ensombrecía las actitudes cristianas hacia el mundo en general. El entender que la vida física terrenal era adversa a la espiritualidad fomentó una fervorosa anticipación del fin del mundo. Los cristianos esperaban que Dios volviera a visitar la tierra en una segunda venida para anunciar los tiempos finales. En el canonizado *Evangelio según Mateo*, Jesús da la impresión de que tal fin podría estar cerca: "En verdad os digo que algunos de los que están aquí que no gustarán la muerte sin antes haber visto al Hijo del Hombre viniendo en su reino." [85] Oleadas periódicas de esperar la destrucción del mundo marcaron la historia cristiana. Durante la

Reforma en Inglaterra, por ejemplo, se publicaron ochenta libros sobre el tema del fin del mundo.[86]

El cristianismo ortodoxo cambió la manera en que la gente piensa sobre la tierra y el medio ambiente natural. Cuando se cree que Dios reina desde lo alto, se entiende que la naturaleza está distante, si no es que desprovista, de la presencia de Dios. Tal perspectiva del mundo condujo a cambios dramáticos en el significado de las festividades, en el carácter de dichas festividades, y en la percepción del tiempo, todo lo cual estaba enajenado de los ciclos estacionales de la tierra. Las facetas de la vida humana que nos hablan de una conexión con los ciclos, tales como el nacimiento, el sexo y la muerte, fueron denigradas. En lugar de apreciar el ciclo de vida natural, los cristianos ortodoxos negaron por completo ese ciclo y adquirieron una preocupación por la muerte.

10
Un Mundo sin Dios
1600 al presente

E l cristianismo ortodoxo fomentó el viraje de la humanidad hacia una perspectiva del mundo que presta poca atención a la idea de la divinidad. Enseñando que el reino terrenal está desprovisto de santidad, los cristianos construyeron los cimientos ideológicos de la sociedad moderna. Los pensadores modernos perpetuaron los conceptos del cristianismo ortodoxo, proporcionando validación científica para la creencia en la jerarquía, la dominación y la lucha. Con el acercamiento del siglo XXI, sin embargo, hay una creciente conciencia no sólo de las desventajas de tales conceptos, sino también de su limitada precisión científica.

Poco después de que la gente aceptó la creencia en que Dios ya no ejercía un poder sobrenatural en el mundo físico, se volvió común, particularmente entre los educados, creer que el diablo tampoco ejercitaba dicho poder. Una vez que la idea de magia divina había sido rechazada, fue fácil aceptar que ninguna magia, divina o maligna, opera en el reino físico. En lugar de eso, la realidad física fue percibida como la operación mecánica de componentes inanimados funcionando enteramente bajo leyes racionales y definibles, similares a la operación de un enorme reloj. Como el personaje de Shakespeare, Lafew, dice sobre la edad:

Se dice que pasó la época de los milagros, y tenemos filósofos que consideran como acontecimientos ordinarios y corrientes los fenómenos sobrenaturales e incomprensibles.[1]

Esta nueva percepción y perspectiva del mundo caracterizó a la que ha sido llamada "Era de la Iluminación". Careciendo de la apasionada creatividad del Renacimiento, la Iluminación estuvo inspirada por pensadores del siglo XVII como Galileo, René Descartes, Juan Kepler, Isaac Newton, Francis Bacon, Benedict Spinoza y John Locke. Si bien la mayoría aún creía que Dios había creado al mundo, ellos ahora pensaban que el universo funcionaba de acuerdo a leyes comprensibles que no requerían de una mayor intervención por parte de Dios.

Estas nuevas creencias y actitudes reflejaban las del cristianismo ortodoxo. Al igual que los cristianos ortodoxos creían que existía una división entre el cielo y la tierra, así los científicos percibían que existía una división similar, acuñada por Descartes como la división entre mente y materia. Al igual que los cristianos creían que Dios estaba separado del mundo físico, así los científicos pensaban que la consciencia y la realidad física estaban separadas una de la otra. Aunque el cristianismo ortodoxo y los pensadores modernos diferían en su creencia sobre el diablo, ambos entendían al mundo físico como un reino desprovisto de divinidad y santidad.

La creencia en que el mundo físico funcionaba independientemente de la consciencia encontró nueva validación en las leyes de Newton. Sus leyes de movimiento y de gravedad describían

---

10.1 Este grabado en madera ilustra el viraje de la humanidad en su percepción del universo. Como la imagen sugiere, fue como si la gente se moviese de un mundo mágico de fuerzas personificadas, hacia un mundo indiferente y mecánico que funcionaba de manera muy parecida a un reloj. Las maniobras del universo vinieron a ser atribuidas no a la intervención mágica o sobrenatural, sino a las leyes de gravedad y movimiento de Newton.

SIR ISAAC NEWTON.

OB, 1727.

un universo que operaba sobre una base completamente impar-
cial, mecanicista y determinista. Newton basó toda su obra en
evidencias experimentales, como testimonio para la creencia de
que la materia carecía de influencias sobrenaturales y consciencia; puesto que los pensamientos de la persona que dirigía el
experimento no tendrían impacto alguno sobre la materia, todos
los resultados de los experimentos deberían poder ser duplica-
dos.[2] En otras palabras, él creía posible que una persona obser-
vara un fenómeno físico sin influir en él. Aceptando la idea
cristiana ortodoxa de que Dios ya no tenía impacto sobre el
mundo físico, los pensadores modernos coincidieron en que la
consciencia humana similarmente no influía en los fenómenos
físicos.

Científicos y filósofos también adoptaron el concepto de
jerarquía y lo aplicaron en sus obras. El orden jerárquico requie-
re que todos los componentes estén separados y clasificados de
acuerdo a su superioridad o inferioridad; está enfocado en la
diferencia de un componente más que en su relación sustentadora
y su conexión con el todo. Los científicos similarmente se enfocaban en la separación, el aislamiento y el análisis de partículas
cada vez más pequeñas. Se le prestaba poca atención a la relación
que conecta un componente con sus elementos circunvecinos o
su medio ambiente.

La filosofía moderna repitió la misma idea con la creencia de
que la realidad emanaba de y era causada por sucesos insignifi-
cantes y fortuitos, en lugar de una consciencia mayor e intencional.
Descartes acuñó la creencia con su famosa frase *Cogito ergo sum*,
"Pienso, luego existo". El acto de pensar, más pequeño y menos
significativo, conduce a una realidad de existencia más grande
y más significativa. Si bien muchos aún creían que Dios original-

---

10.2 Sir Isaac Newton. Sus leyes científicas de gravedad y movimiento
otorgaron validación a la creencia cristiana ortodoxa de que Dios ya no
obraba milagros ni intervenía en el mundo físico.

mente creó el universo, la mayoría ahora pensaba que la verdad sería encontrada, no enfocándose en o intentando entender el plan o la intención de Dios, sino entendiendo las partes pequeñas, separadas y mecánicas del universo.

La creencia en la necesidad de dominación y lucha, así como la ausencia de intervención divina, encontró nueva justificación en la teoría de la evolución de Charles Darwin. Al igual que el cristianismo ortodoxo, particularmente durante la Reforma, dió énfasis a la nobleza de la lucha y el pecado de la asistencia mágica y sobrenatural, así Darwin pintaba al mundo natural como un lugar en donde la lucha y la competencia caracterizan cada aspecto de "la gran y compleja batalla de la vida". La lucha, según Darwin, era esencial para mantener el orden natural y evitar la desastrosa explosión demográfica de cualquier población.

Si bien los cristianos ortodoxos sostenían que la dominación y la lucha eran necesarias para sustentar una jerarquía divina, Darwin creía necesarias las mismas cualidades para mantener una jerarquía natural:

> *El hombre, como todos los demás animales, sin duda ha avanzado hasta su actual posición elevada mediante una lucha por la existencia consiguiente a su rápida multiplicación; y si ha de avanzar aún más alto, se teme que debe permanecer sujeto a la lucha severa. De otra forma se hundiría en la indolencia, y los hombres más dotados no tendrían más éxito en la batalla de la vida que los menos dotados.*[3]

Tanto los cristianos ortodoxos como los pensadores modernos consideraban esencial a la jerarquía, ya sea que dicha jerarquía diferenciara a los seres humanos de acuerdo a su proximidad con Dios, o de acuerdo a su habilidad para sobrevivir. Las teorías de Darwin proporcionaron una nueva racionalización para subyugar a las personas según su raza o género; se creía que ahora eran "naturalmente" más débiles.

A pesar de sus similitudes, a menudo se piensa que el cristianismo ortodoxo se opone a la ciencia y el pensamiento modernos. La Iglesia Católica en efecto continuó su tradición de obstaculizar el trabajo académico persiguiendo a Galileo a través de la Inquisición, y oponiéndose a gran parte de la obra de Newton.* Y ciertamente existían diferencias ideológicas entre los cristianos ortodoxos y los pensadores modernos. Los pensadores modernos, por ejemplo, desecharon la idea de que el diablo ejercitaba una influencia sobrenatural, mientras que los ortodoxos insistían fervientemente en ello. La teoría de evolución de Darwin en efecto difiere del concepto cristiano de la creación. Sin embargo, la premisa del pensamiento moderno, que el universo funcionaba sin intervención divina ni magia, fue algo que los mismos católicos y protestantes habían defendido ferozmente.

Incluso Charles Darwin no creía que su obra se opusiera a los dogmas del cristianismo ortodoxo. Los cristianos de la Reforma ciertamente hubieran estado de acuerdo con él con respecto a que la realidad física funciona "no por actos milagrosos de creación", sino más bien mediante la lucha y la competencia.[4] Darwin escribió en *El Origen de las Especies*: "No veo ninguna buena razón para que las perspectivas presentadas en este volumen deban escandalizar a los sentimientos religiosos de nadie." Él describe cómo un hombre religioso:

---

* Si bien la teoría heliocéntrica de Galileo ponía en duda la teoría de la Iglesia de que el sol giraba alrededor de la tierra, la obra de Newton puso en duda la base para la autoridad católica. Su insistencia en la posibilidad de verificar experimentalmente los fenómenos físicos puso en tela de juicio el fundamento para el reclamo de autoridad por parte de la Iglesia. La autoridad de la Iglesia Católica estriba en la sucesión apostólica, la idea de que la verdad sólo ha sido revelada durante el suceso único de la resurrección en carne y hueso de Jesús y, en consecuencia, dicha verdad es accesible sólo a través de los sucesores de los Apóstoles que atestiguaron la resurrección.

...aprendió a ver que creer que Él creó unas cuantas
formas originales capaces de autodesarrollarse como
otras formas necesarias, es una concepción de la
Deidad tan noble como creer que Él requirió de un
acto fresco de creación para abastecer los vacíos
causados por la acción de Sus leyes.[5]

El pensamiento moderno apoyaba los conceptos cristianos ortodoxos mucho más de lo que los contradecía.

Sin embargo, si bien Darwin creía que su obra no se oponía al concepto de un Dios todopoderoso, sus teorías fueron utilizadas por otros a fin de negar hasta el más remoto creador. El ateísmo simplemente extendió la idea cristiana de que Dios está distante y apartado del mundo físico. Una vez que la gente aceptó eso, no fue difícil creer que Dios no existía en absoluto. Las semillas del ateísmo también adquirieron popularidad como una reacción a la brutalidad de las cacerías de brujas. La gente comenzó a argumentar que la religión no garantizaba una consciencia moral, y que una ausencia de convicción religiosa no conducía a la depravación moral. El *Diccionario Histórico y Crítico* de fines del siglo XVII, por ejemplo, afirmaba que "el ateísmo no necesariamente conduce a la corrupción de las costumbres."[6]

No obstante, el ateísmo en efecto amenaza los apuntalamientos de un orden social basado en el miedo. Aunque Dios quizás haya sido relegado a una posición más distante en los cielos, aún se pensaba que el miedo a Su castigo reforzaba la moralidad individual. Muchos pensaban que el sistema judicial dependía del miedo. En su libro *La Obstrucción de la Justicia por la Religión*, Frank Swancara hace notar que:

...los jueces que moldearon el derecho común pensa-
ban que uno que no cree ni teme al castigo Divino
después de la muerte no puede ser confiable como
testigo en un tribunal de justicia.[7]

10.3 Sir Charles Darwin. La creencia cristiana ortodoxa en la necesidad de jerarquía, dominación y lucha encontró nueva justificación en la obra de Darwin.

La mayoría de los pensadores de la Iluminación encontraban al ateísmo tan amenazador como los cristianos ortodoxos lo hacían. Voltaire preguntó:

> *¿Qué restricción, después de todo, podría serle impuesta a la codicia, a las transgresiones secretas cometidas con impunidad, además de la idea de un maestro eterno cuyos ojos están sobre nosotros y quien juzgará incluso nuestros pensamientos más privados?*[8]

Y John Locke escribió:

> *Aquellos no habrán de ser tolerados en absoluto quienes niegan la existencia de un Dios. Promesas, pactos y juramentos, que son los vínculos de la sociedad humana, no pueden contar con la comprensión de un ateo.*[9]

Tanto el cristianismo ortodoxo como los pensadores modernos, si bien estaban dispuestos a prescindir de la creencia en la magia y los milagros, aún dependían de la creencia en el aterrador castigo de Dios.

El pensamiento moderno con mayor frecuencia validaba los dogmas cristianos. La percepción de que el universo opera como una máquina o un reloj corroboró la contención de San Agustín de que los seres humanos no tienen libre albedrío. En su libro *Los Maestros Wu Li Danzantes*, Gary Zukav escribe:

> *Si aceptáramos la determinación mecanicista de la física newtoniana — si el universo realmente es una gran máquina — entonces desde el momento en que el universo fue creado y puesto en marcha, todo lo que había de suceder en él ya estaba determinado.*

> *Según esta filosofía, pudiera parecer que tenemos una voluntad propia y la habilidad de alterar el curso de los sucesos en nuestras vidas, pero no es así. Todo, desde el principio de los tiempos, ha sido predetermi-*

nado, incluyendo nuestra ilusión de tener un libre albedrío. El universo en una cinta pregrabada tocándose a sí misma de la única manera que puede. La condición de los hombres es inmensurablemente más desconsoladora que lo que fue antes del advenimiento de la ciencia. La Gran Máquina sigue funcionando ciegamente, y todas las cosas en él son sólo dientes de una rueda.[10]

Fuese debido al determinismo o a la inferior posición de la humanidad dentro de una jerarquía divina, la gente continuó creyendo que el individuo tiene poco poder o libre albedrío inherente.

La ciencia adoptó las mismas ideas que alentaron a los cristianos a tratar el medio ambiente natural como un reino desprovisto de santidad. Fritjof Capra describe cómo la división entre mente y materia

> *...permitió a los científicos tratar a la materia como algo muerto y completamente separado de ellos mismos, y ver al mundo material como una multitud de objetos diferentes ensamblados dentro de una gran máquina... Desde la segunda mitad del siglo XVII hasta fines del siglo XIX, el modelo... mecanicista del universo dominaba todo el pensamiento científico. Se equiparaba con la imagen de un Dios monárquico que gobernaba al mundo desde lo alto mediante imponer su ley divina sobre él.*[11]

Abogando por una división entre los reinos celestial y terrenal, o entre mente y materia, tanto los cristianos como los pensadores modernos se disociaron a sí mismos del mundo físico.

Muchos de los conceptos que se originaron en la ideología cristiana ortodoxa y encontraron validación entre los pensadores modernos, hoy en día, a finales del siglo XX, están probando tener limitada precisión científica. Los descubrimientos científicos, más notablemente en el área de la física cuántica, han mostrado que la física clásica está severamente limitada en su capacidad para explicar los funcionamientos del universo. Los principios y las leyes que parecen gobernar a la mecanicista y determinista máquina universal simplemente no son aplicables a las partículas subatómicas. Las partículas subatómicas desafían los intentos por establecerlas de manera absoluta dentro del tiempo y el espacio. El físico Stephen Hawking observa que este fenómeno, llamado el principio de la incertidumbre,

> ...señaló el fin [del] sueño de una teoría de la ciencia, un modelo del universo que fuese completamente determinista: ¡uno ciertamente no puede predecir con exactitud sucesos futuros, si uno no puede ni siquiera medir con precisión el estado presente del universo![12]

La creencia en que el universo funciona bajo leyes enteramente racionales y definibles ahora está en duda. Si bien Newton pensaba que, con la suficiente información, uno puede determinar absolutamente el resultado de un suceso, la mecánica cuántica ha demostrado que, en el mejor de los casos, uno puede conocer sólo la *probabilidad* de cualquier resultado.[13] Gary Zukav describe lo que llegó a conocerse como la Interpretación Copenhague:

> ...los científicos que intentaban formular una física constante se vieron forzados por sus propios descubrimientos a reconocer que un entendimiento completo de la realidad yace más allá de las capacidades del pensamiento racional.[14]

La ciencia reciente también ha desafiado la creencia de que la materia física es completamente inanimada, indiferente y substantivo. En sus exploraciones de las funciones de onda, los científicos han encontrado que la realidad física es tanto "tipo-idea" como "tipo-materia".[15] La división entre mente y materia, la cual corroboró la división cristiana entre cielo y tierra, no es científicamente verdadera. El mundo físico no está compuesto de materia sólida, inerte e inanimada, como pensaba la física clásica. El físico Henry Stapp escribe:

> *Si la actitud de la mecánica cuántica es correcta ...entonces no existe un mundo físico substantivo, en el sentido usual de este término. La conclusión aquí no es la conclusión débil de que quizás no haya un mundo físico substantivo, sino más bien de que definitivamente no existe un mundo físico substantivo.*[16]

Otro físico, E. H. Walker, escribe:

> *La consciencia puede estar asociada con todos los procesos mecánicos cuánticos... puesto que todo lo que ocurre a fin de cuentas es el resultado de uno o más sucesos mecánicos cuánticos, el universo esta 'habitado' por un número casi ilimitado de entidades conscientes bastante discretas y usualmente no pensantes que son responsables por el funcionamiento detallado del universo.*[17]

Tales descubrimientos contradicen la creencia en la separación de mente y materia.

Tanto la división entre mente y materia como la idea de que la tierra está desprovista de consciencia, también son puestas en tela de juicio por la más reciente teoría de Gaia. Presentada primordialmente por James Lovelock, la teoría de Gaia sugiere que la tierra podría ser un sistema autorregulador. Tal teoría explica la relativa constancia del clima terrestre, las cantidades sorprendentemente moderadas de sal en los océanos y el nivel uniforme de oxígeno, todo lo cual permite que la vida florezca.[18] Podría no ser accidental o el resultado de la casualidad que la tierra ha mantenido un medio ambiente capaz de sustentar vida. Más bien, las actividades de la tierra podrían ser el resultado del comportamiento autoregulador, lo cual sugiere la existencia de consciencia.

Incluso los medios clásicos de verificar la verdad ahora son considerados erróneos. Newton creía que puesto que los experimentos relacionados a la materia física incluían partículas inanimadas carentes de consciencia, todos los resultados de tales experimentos debían ser repetibles; la persona que conducía el experimento podía actuar como observador objetivo sin tener impacto alguno en la materia física. La posibilidad de tal observador objetivo, sin embargo, ya no parece factible; la mecánica cuántica ha demostrado que el simple acto de observación sí tiene impacto sobre la materia observada. El físico John Wheeler escribe:

> *¿Puede el universo en algún extraño sentido ser 'traído a la existencia' por la participación de aquellos que participan?... 'Participante' es el nuevo concepto incontrovertible aportado por la mecánica cuántica. Elimina el término 'observador' de la teoría clásica, el hombre que se para sin riesgo detrás de la gruesa pared de vidrio y observa lo que sucede sin tomar parte. No puede hacerse, dice la mecánica cuántica.*[19]

Recientes descubrimientos científicos están probando que la percepción newtoniana y cartesiana de un universo mecanicista, que se desarrolló a partir de la creencia en que Dios ya no habitaba el mundo, son de precisión limitada.

El método científico moderno, el cual pone énfasis en disecar y analizar componentes cada vez más pequeños y hace eco a los intentos cristianos por segregar los componentes jerárquicos, también está siendo reconsiderado. La ciencia reciente sugiere que la verdad puede ser encontrada mejor, no sólo enfocándose en la separación y segregación de los componentes, sino también

---

10.4 Este grabado publicado en 1680 muestra al cuerpo humano como si se tratase de una operación mecanicista de componentes inanimados completamente divorciados de la consciencia humana. Este entendimiento, adoptado por la medicina occidental, reflejaba la creencia cristiana ortodoxa en que Dios estaba divorciado del mundo físico.

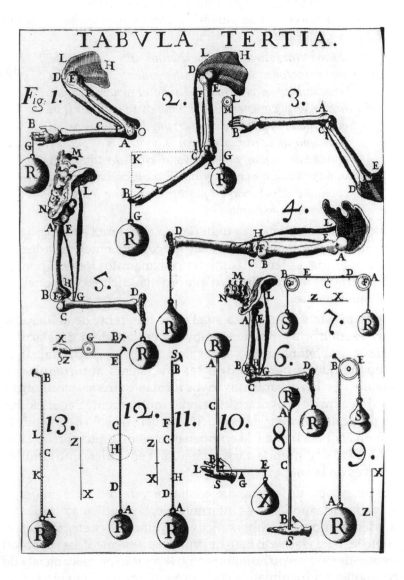

entendiendo la interrelación de dichos componentes dentro de un sistema mayor. "Las partes", como explica el físico David Bohm:

> ...*son vistas estando en conexión inmediata, en la cual sus relaciones dinámicas dependen, de manera irreducible, en el estado de todo el sistema (y, de hecho, en el de sistemas más amplios en los que están contenidas, extendiéndose a fin de cuentas y en principio al universo entero). Por lo tanto, uno es conducido hacia una nueva noción de* totalidad ininterrumpida *que niega la idea clásica de analizabilidad del mundo en partes separada e independientemente existentes...* [20]

Entender la relación de la materia con el sistema entero podría revelar más verdad que analizar los componentes aislados de dicha materia. Entender cómo funcionan juntos los componentes podría ser más productivo que ordenar dichos componentes jerárquicamente.

La insistencia ortodoxa en el valor inherente de la lucha, la cual encontró justificación renovada en las ideas de Darwin, quizás también requiera ser revalorada. La teoría de Gaia, que propone que la tierra podría ser un sistema autorregulador, sugiere que los organismos vivos forman patrones simbióticos de vida a fin de provocar situaciones mutuamente beneficiosas. Sugiere que el orden y la evolución surgen, no sólo a través de la dominación, la lucha y la competencia como tanto el cristianismo ortodoxo y la teoría darwiniana dan a entender, sino también a través de la cooperación.

El impacto de los dogmas cristianos y de la ciencia moderna sobre la vida moderna es interminable. La medicina occidental moderna adoptó una perspectiva similar del cuerpo humano como la física clásica lo hizo del universo: los "médicos" llegaron a entender al cuerpo humano como la operación mecanicista de componentes inanimados con poca o ninguna conexión con la consciencia. Un proponente temprano de ver al cuerpo como máquina, Thomas Hobbes, escribió en 1651: "Pues qué es el corazón sino un resorte; y los nervios sino muchos hilos; y las articulaciones, sino muchas ruedas, dando movimiento al cuerpo entero."[21] Al igual que los cristianos ortodoxos entendían que Dios estaba separado del mundo físico, así la medicina occidental entendía que los funcionamientos del cuerpo humano estaban desconectados de la mente o la consciencia de una persona. La enfermedad era vista simplemente como un mal funcionamiento de las partes mecánicas, cuya causa yacía enteramente en el mundo físico.

De la misma manera como los cristianos ortodoxos trataron de someter a los componentes jerárquicos más bajos, los médicos occidentales intentaron predominar sobre el cuerpo en vez de trabajar junto con él, estimulando la habilidad del cuerpo de curarse a sí mismo. Un ejemplo de tal práctica es el tratamiento con antibióticos de las enfermedades que no ponen en riesgo la vida. Los antibióticos someten al sistema inmunológico del cuerpo, la propia capacidad del cuerpo para defenderse a sí mismo de la enfermedad. Si bien los antibióticos son extraordinariamente valiosos en el tratamiento de enfermedades que ponen en riesgo la vida, su uso frecuente en situaciones menos serias ha llevado hacia todo un nuevo grupo de enfermedades y ha generado nuevas cepas de bacterias que no responden a ningún tratamiento conocido. Muchos ahora están poniendo en tela de juicio el precepto de la ciencia moderna de que el cuerpo es un instrumento mecánico desprovisto de cualquier conexión con la consciencia, un instrumento al que es mejor someter.

La ideología cristiana ortodoxa también ha influido en el comercio y la industria modernos. Remedando a la jerarquía religiosa, los negocios fueron estructurados con el poder envestido en una autoridad singular en la cima de la organización. El miedo, la dominación y la competencia, que se pensaban tan esenciales para mantener el orden jerárquico divino, fueron considerados como características necesarias de los negocios. Al igual que se pensaba que la uniformidad producía unidad, así los negocios valoraban la conformidad y se constituyeron de personas de raza, género y credo similares.

Más recientemente, sin embargo, un número de compañías están encontrando una estructura e ideología diferente a fin de ser más fructíferas. Los negocios en donde los empleados son valorados y se les otorga el poder de participación y responsabilidad, a menudo funcionan más productivamente que los que se adhieren a un modelo jerárquico estricto. La cooperación tanto dentro de una compañía así como con los proveedores externos está comprobando ser más beneficiosa que la feroz competencia antes tan apreciada. Adicionalmente, algunos están cuestionando el valor de la uniformidad y similitud en el lugar de trabajo. Un ambiente en donde las personas tienen perspectivas distintas y maneras diferentes de resolver problemas tiene más probabilidades de producir soluciones creativas que uno en donde todos piensan igual.

Más allá de afectar a la ciencia, la filosofía, la medicina y los negocios, el cristianismo ortodoxo ha tenido un tremendo impacto en la estructura social y el gobierno modernos. La creencia en la supremacía singular, la jerarquía, y una naturaleza inherentemente pecaminosa obstruye los esfuerzos por crear sociedades pluralistas que valoren la autodeterminación individual. El poder y la autoridad dentro de tal estructura de creencias deben descender de un pináculo singular, en lugar de surgir de

---

10.5 Si bien algunos estadounidenses sentían la amenaza a los principios de su Constitución que representaba la Iglesia Católica Romana (como se ilustra en este grabado de 1855), un menor número estaba consciente de la amenaza similar que representaban las ramas del protestantismo. Al forjar la Constitución y su Declaración de Derechos, los padres fundadores de los Estado Unidos rechazaron la ideología cristiana ortodoxa. Como escribió George Washington: "El gobierno de los Estados Unidos no está, en ningún sentido, fundado en la religión cristiana."[29]

una raíz pluralista. Cualquier cosa que otorgue poder al individuo finalmente amenaza a dicha estructura autoritaria.

Por ejemplo, nunca fue la intención de los dirigentes puritanos de Nueva Inglaterra el establecer un gobierno que representara los propios pareceres y deseos de la gente.[22] "La democracia, yo no lo concibo, que alguna vez Dios la haya ordenado como gobierno idóneo ni para la iglesia ni para la comunidad", escribió el puritano John Cotton. "Si el Pueblo fuese gobernador, ¿quién será gobernado?"[23] Como escriben los historiadores Joseph Gaer y Ben Siegel:

> Los puritanos habían deducido la creencia de que la función primordial del gobierno es 'regular la corrupción del hombre', que sus dirigentes designados divinamente deben ser obedecidos incondicionalmente, y que el bienestar del estado es mucho más importante que los individuos.[24]

Los principios democráticos establecidos en los Estados Unidos de Norteamérica fueron creados a pesar del cristianismo ortodoxo, y no debido a éste. Como escribió George Washington en 1796: "El gobierno de los Estados Unidos no está, en ningún sentido, fundado en la religión cristiana."[25]

Los cristianos ortodoxos se opusieron repetidamente a la libertad religiosa en América. El puritano John Norton expresó la opinión ortodoxa sobre la libertad de culto, llamándola "una libertad para blasfemar, una libertad para seducir a otros a alejarse del Dios verdadero." Cuando Vermont aprobó una declaración que permitía la libertad religiosa, el periódico *Dartmouth Gazette* (18 de noviembre de 1807) hizo eco al sentir ortodoxo, refiriéndose a la declaración como un ejemplo sorprendente "de lo pernicioso y lo terrible, las infernales consecuencias hacia las cuales el espíritu allanador de la democracia deberá dirigirse inevitablemente."[26] Durante los esfuerzos de Thomas Jefferson y James Madison por separar iglesia y estado, Madison se refirió a la historia y argumentó que siempre que "los establecimientos eclesiásticos" habían moldeado a la sociedad civil, habían apoyado a la tiranía política; nunca habían protegido las libertades de la gente.[27]

Los católicos organizados no han hecho más que los protestantes por apoyar la libertad personal y la democracia. Desde oponerse a la Carta Magna en el siglo XIII, hasta establecer un precedente para los estados totalitarios con la Inquisición, y rehusarse a protestar el exterminio de judíos atentado por los nazis durante la Segunda Guerra Mundial,[28] la Iglesia Católica ha protegido el autoritarismo y se ha opuesto a la democracia y la libertad. Como escribió el Papa Gregorio XVI en el siglo XIX:

> De ninguna manera es legal exigir, defender u otorgar libertad incondicional de pensamiento, o de habla, o de escritura, o de religión, como si fuesen tantos derechos que la naturaleza le ha dado al hombre.[30]

El poder y la autoridad deben, en opinión de los ortodoxos, ser ejercitados únicamente por aquellos que se encuentran en la cima de la jerarquía.

El cristianismo ortodoxo proporcionó los cimientos ideológicos para la ciencia y la sociedad modernas. Una vez que la gente había aceptado la idea de que Dios estaba en el cielo y no en la tierra, que ya no había más intervención sobrenatural ni magia, los científicos y filósofos comenzaron a verificar justamente un mundo así. Su ciencia y su filosofía confirmaron que el mundo físico funcionaba mecánica e independientemente de la consciencia y de Dios. También corroboraron la creencia cristiana ortodoxa en la necesidad de lucha y dominación. Estas creencias y conceptos, sin embargo, ahora están siendo puestos en tela de juicio, no sólo debido a sus desventajas prácticas, sino también debido a su limitada precisión científica.

11
Conclusión

E l lado oscuro de la historia cristiana ha tenido y continúa teniendo que ver con la dominación y el control de la espiritualidad y la libertad humana. Los cristianos ortodoxos construyeron una organización que desde sus inicios fomentó no la libertad y autodeterminación, sino la obediencia y la conformidad. Con ese propósito, cualquier medio estaba justificado. Basados en la creencia de un Dios singular, autoritario y castigador, los cristianos ortodoxos crearon una iglesia que exigía autoridad singular y castigaba a quienes desobedecían.

Durante la Edad del Oscurantismo, la civilización se desplomó a medida que la Iglesia tomaba el control de la educación, la ciencia, la medicina, la tecnología y las artes. Los cruzados marcharon hacia el Medio Oriente matando y destruyendo en nombre del único Dios cristiano. La Inquisición estableció un precedente en la Edad Media para la vigilancia y el terrorismo sistemáticos de la sociedad. La Reforma Protestante y la Contrarreforma Católica desataron guerras en las que los cristianos masacraron a otros cristianos, cada cual convencido de que el suyo era el único sendero verdadero. Y el holocausto de las cacerías de brujas sondeó las profundidades del horror a medida que erradicaba a incontables mujeres y hombres, así como la creencia en la divinidad con base terrenal. En 1785, Thomas Jefferson escribió:

*Millones de hombres, mujeres y niños inocentes, desde la
introducción del cristianismo, han sido quemados, torturados, multados, encarcelados; sin embargo no hemos
avanzado una sola pulgada hacia la uniformidad. ¿Cuál
ha sido el efecto de la coerción? Hacer tontos a la mitad
del mundo, e hipócritas a la otra mitad. Apoyar el error
y la bellaquería por toda la tierra.*[1]

El impacto del cristianismo ha sido quizás más insidioso
sobre el mundo moderno.. Aterrorizando a la gente para que
creyera que no existía la asistencia divina sobrenatural en el
mundo físico, los cristianos ortodoxos crearon el ambiente en
donde la gente creía que el universo era predeterminado, mecánico y desprovisto de consciencia. Pero en lugar de atribuirle tal
entendimiento a la creencia religiosa, la gente ahora acreditaba
a la ciencia por haber demostrado objetivamente tal mundo. La
mayoría de la gente llegó a pensar que la lucha, la dominación y
el control autoritario eran, quizás no el resultado de una orden
divina, pero sí cualidades naturales y necesarias, de la vida en un
universo tan impersonal. Es interesante que la misma ciencia
que alguna vez verificó los conceptos cristianos ortodoxos,
ahora está descubriendo las limitaciones de una perspectiva
mecanicista del universo.

Ignorar el lado oscuro de la historia cristiana perpetúa la
idea de que la opresión y la atrocidad son los resultados inevita-
bles de una naturaleza humana inherentemente maligna o salvaje. Sin embargo, han existido — especialmente durante la era
neolítica — culturas y civilizaciones pacíficas que funcionaban
sin estructuras jerárquicas opresoras. Claramente no es la naturaleza humana lo que causa que las personas se dañen unos a
otros. Las personas de culturas más gentiles comparten la misma
naturaleza humana que nosotros en la civilización occidental;
son nuestras creencias las que difieren. Las culturas tolerantes y
más pacíficas han respetado las facetas tanto masculinas como
femeninas de Dios, las representaciones tanto celestiales como

terrenales de la divinidad. Es la limitada creencia en una supremacía singular y en un sólo rostro de Dios lo que ha resultado en tiranía y brutalidad.

Ignorar el lado oscuro de la historia cristiana permite que las creencias que han motivado la crueldad no sean examinadas. La creencia en un rostro único de Dios quien reina en el pináculo de una jerarquía sustentada por el miedo tiene consecuencias devastadoras. La gente debe determinar constantemente quién es superior a quién. Cada aspecto que diferencia a las personas, fuere género, raza, creencia, preferencia sexual o condición socioeconómica, se convierte en un criterio mediante el cual clasificar a un individuo como mejor que o peor que otro. Y es la clasificación y subordinación de la humanidad y el valor de una persona lo que compone al sexismo, al racismo y a la intolerancia de la diferencia.

Dentro de un sistema de creencias cristiano ortodoxo, se percibe que la unidad y la integridad vienen de similitud y conformidad, y no de la sinergia y armonía de la diferencia. Con mayor frecuencia se entiende que la diversidad de una sociedad es una desventaja en lugar de una ventaja. Se piensa que una sociedad pacífica es donde todos son iguales. Dentro de tal sistema de creencias, se mal entiende que un fin al sexismo o al racismo significa simplemente un cambio de papeles. En vez de que los hombres dominen a las mujeres, las mujeres dominarían a los hombres. En lugar de que los blancos dominen a los negros, los negros dominarían a los blancos. No hay un entendimiento de autoridad, cooperación y ayuda compartidas.

La creencia en un Dios estrictamente celestial o con base en el cielo desconectado de la tierra, ha tenido enormes ramificaciones en el tratamiento del medio ambiente natural por parte de la humanidad. A medida que se extendía el cristianismo ortodoxo, los medios para integrar la actividad humana con los ciclos estacionales a través de festivales fueron cesados. Las festividades vinieron a conmemorar sucesos bíblicos, no las fases del año.

El concepto del tiempo lineal reemplazó al del tiempo cíclico, enajenando aún más a la gente del flujo y reflujo de la naturaleza. La ciencia moderna validó entonces la percepción ortodoxa de que la tierra carecía de santidad, presentando al mundo como un reino mecanicista completamente desprovisto de conciencia.

No obstante, tan oscuros como hayan sido los momentos de historia cristiana, la consciencia de ellos no necesita llevar a un completo rechazo del cristianismo. A todo lo largo de la historia han existido cristianos que han luchado en contra de la tiranía de las creencias y el comportamiento ortodoxos. Han existido incontables cristianos que valoraron el amor y el perdón por encima del miedo y el castigo, que fomentaron la adquisición de poder personal y el entendimiento por encima de la sumisión y la fe ciega.

El lado oscuro de la historia cristiana no fue un resultado inevitable de la naturaleza humana; fue el resultado de una ideología y un sistema de creencias muy específicos. Al igual que hemos ignorado el horror de la historia cristiana, así también hemos ignorado el escrutinio de las creencias cristianas y su capacidad de penetración en nuestro mundo moderno aparentemente carente de Dios. Sin el escrutinio, los patrones destructivos han continuado apartando a las personas de Dios, del medio ambiente natural, y unas de otras.

Sin embargo, con entendimiento y atención, nosotros podemos detener dichos patrones dañinos. Podemos reconocer que los esfuerzos por convencernos de que Dios exige nuestro miedo y nuestra sumisión incondicional en realidad son intentos por controlarnos y contener nuestra espiritualidad. Podemos reconocer que la creencia en una supremacía singular yace en la raíz del chauvinismo, del racismo y del totalitarismo. Podemos avanzar hacia un mundo que valore la diversidad, la libertad y la dignidad humanas. Y podemos albergar la esperanza y aspirar al sueño de que la humanidad puede ser libre para actuar humanamente.

Notas

Introducción

1. Peggy Polk, "Papal State" (*Chicago Tribune*, 5 de junio de 1995)

Capítulo 1 - Semillas de Tiranía

1. Eclesiastés 12:13.
2. Salmos 128.
3. Lucas 12:5.
4. *Tertullianus against Marcion*, Libro I, Capítulo XXVII, *Ante-Nicene Christian Library* (Edinburgh: T&T Clark)
5. Elaine Pagels, *Adam, Eve and the Serpent* (Nueva York: Random House, 1988) 92.
6. *Tertullianus against Marcion*, Libro I, Capítulo XXVI.
7. Elaine Pagels, *The Gnostic Gospels* (Nueva York: Random House, 1979) 28.
8. Ibid., 35.
9. Ignatius, *Magnesians* VI and *Trallians* III. *Ante-Nicene Christian Library* (Edinburgh: T&T Clark)
10. "Tripartite Tractate" I,579.21-32 en *The Nag Hammadi Library*, James M. Robinson, Director (Nueva York: Harper & Row, 1977) 69.
11. Pagels, *The Gnostic Gospels*, 50.
12. *The Secret Teachings of Jesus*, traducido por Marvin W. Meyer (Nueva York: Random House, 1984) 56.
13. *The Excerpta Ex Theodoto of Clement of Alexandria*, traducido por Robert Pierce Casey (Londres: Christophers, 1934) 59.
14. *Irenaeus against Heresies*, 4:33.3.
15. Ignatius, *Magnesians* VI y *Trallians* III.
16. Pagels, *The Gnostic Gospels*, 42-43.
17. Ibid., 42.
18. Pagels, *Adam, Eve and the Serpent*, 113-114.
19. 1ª Epístola a los Corintios 11:8-9.
20. Riane Eisler, *The Chalice and the Blade*, (San Francisco: Harper & Row, 1987) 131-132.
21. 1ª Epístola a Timoteo 2:11-13.
22. Riane Eisler, *The Chalice and the Blade*, 132-133.

23. *The Essene Gospel of Peace*, editado y traducido por Edmond Bordeaux Szekely (San Diego: Academy of Creative Living, 1971) 7.
24. "On the Origin of the World" II.116.2-8 en *The Nag Hammadi Library*, 172.
25. Tertullian, "On Prescription Against Heretics", Capítulo XLI, *Ante-Nicene Fathers: Translations of the Writings of the Fathers down to A.A. 325*, Vol. III (Grand Rapids: Wm. B. Eerdmans Publishing Company, 1951) 263.
26. Tertullian, "On the Flesh of Christ", Capítulo V, Ibid., 525.
27. Pagels, *The Gnostic Gospels*, 10 y Hans von Campenhausen *Ecclesiastical Authority and Spiritual Power: In the Church of the First Three Centuries*, traducido por J.A. Baker (Stanford University Press, 1969) 18-24.
28. *Irenaeus Against Heresies*, 4.26.2. Vol. I (Buffalo: The Christian Literature Publishing Co., 1885)
29. Pagels, *The Gnostic Gospels*, 11.
30. Ibid., 11.
31. Marcos 16:9, Juan 20:11-17.
32. Juan 20:17.
33. Pagels, *The Gnostic Gospels*, 3-17.
34. *Irenaeus Against Heresies*, 2.27.1-2.
35. Ibid., 2.27.2.
36. Tertullian, "On Prescription Against Heretics", Capítulo VII, 246.
37. Ibid., Capítulo XIII, 249.
38. Ibid., Capítulo XXXVII, 261.
39. Pagels, *The Gnostic Gospels*, xix-xx.
40. *Hippolytus Philosophunema* 6.9, Vol. II, traducido por F. Legge (Londres: Society For Promoting Christian Knowledge, 1921) 5.
41. "Authoritative Teaching" VI, 3 34.32-35.2 en *The Nag Hammadi Library*, 283.
42. Pagels, *The Gnostic Gospels*, 126.
43. "The Gospel of Truth" 29.2-6 en *The Nag Hammadi Library*, 43.
44. "The Gospel of Truth" 17.10-15 en *The Nag Hammadi Library*, 40.
45. Mateo 7:7 y Lucas 17:21.
46. Pagels, *The Gnostic Gospels*, 25.
47. Ibid., xxiii.
48. *Irenaeus Against Heresies*, 3.4.1.
49. Ignatius, *Ephesians* V.
50. Pagels, *The Gnostic Gospels*, 34.

Capítulo 2 - Maniobras Políticas

1. Elaine Pagels, *The Gnostic Gospels* (Nueva York: Random House, 1979) 100.
2. John Holland Smith, *The Death of Classical Paganism*, (Nueva York: Charles Scribner, 1976) 49.
3. St. Irenaeus, *Proof of the Apostolic Preaching*, traducido y comentado por Josephy P. Smith (Westminster, Maryland: The Newman Press, 1952) 106.

4. Smith, *The Death of Classical Paganism*, 5.
5. Pagels, *The Gnostic Gospels*, 21.
6. Joel Carmichael, *The Birth of Christianity* (Nueva York: Hippocrene Books, 1989) 170-171.
7. Pagels, *The Gnostic Gospels*, 104.
8. Ibid., 104.
9. Michael Baigent, Richard Leigh & Henry Lincoln, *Holy Blood, Holy Grail* (Nueva York: Dell, 1982) 364, 318.
10. Barbara Walker, *The Woman's Encyclopedia of Myths and Secrets* (San Francisco: Harper & Row, 1983) 467.
11. Ibid., 469.
12. Lloyd M. Graham, *Deceptions and Myths of the Bible* (Nueva York: Citadel Press, 1975) 445.
13. Ibid., 445.
14. Baigent, Leigh, Lincoln, *Holy Blood, Holy Grail*, 327-329.
15. Ibid., 317-318.
16. Ibid., 317.
17. Riane Eisler, *The Chalice and the Blade* (San Francisco: Harper & Row, 1987) 131.
18. Lucas 23:2
19. Baigent, Leigh, Lincoln, *Holy Blood, Holy Grail*, 326-327.
20. Carmichael, *The Birth of Christianity*, 35, 177, 178.
21. Ver tanto *Holy Blood, Holy Grail* como *The Birth of Christianity* por Joel Carmichael para una discusión más amplia.
22. Walter Nigg, *The Heretics: Heresy Through the Ages*, editado y traducido por Richard y Clara Winston (Nueva York: Dorset Press, 1962) 127. El material citado es por E. Schwarz y está tomado de la misma página de texto.
23. *The Secret Teachings of Jesus*, traducido por Marvin W. Mayer (Nueva York: Random House, 1984) 56.
24. "The Sophia of Jesus Christ" III,4, en *The Nag Hammadi Library* editado por James M. Robinson (Nueva York: Harper & Row, 1977) 217.
25. Geoffrey Ashe, *The Virgin: Mary's Cult and the Re-emergence of the Goddess* (Londres: Arkana, 1976, 1988) 206.
26. Pagels, *The Gnostic Gospels*, 52.
27. Francis X. Weiser, *Handbook of Christian Feasts and Customs* (Nueva York: Harcourt, Brace & Co., 1952) 257.
28. Robert W. Ackerman, *Backgrounds to Medieval English Literature* (Nueva York: Random House, 1966) 92.
29. Ashe, *The Virgin*, 224-225.
30. Walker, *The Woman's Encyclopedia of Myths and Secrets*, 663.
31. Arthur Cotterel, *Myths and Legends* (Nueva York: MacMillan Publishing Company, 1989) 131.
32. Walker, *The Woman's Encyclopedia of Myths and Secrets*, 663-665.
33. Sir James George Frazer, *The Golden Bough* Vol. I, Edición Abreviada (Nueva York: Collier Books, 1922) 415.
34. Ashe, *The Virgin*, 179.
35. Ibid., 8, 125.

36.   Ibid., 139, 150-151.
37.   Walker, *The Woman's Encyclopedia of Myths and Secrets*, 611.
38.   Ashe, *The Virgin*, 129.
39.   Ibid., 151.
40.   Ibid., 191.
41.   Ibid., 192.
42.   Ibid., 192-193.
43.   Charles Merrill Smith, *The Pearly Gates Syndicate* (Nueva York: DoubleDay, 1971) 27-28.
44.   J.N. Hillgarth, *The Conversion of Western Europe* (Englewood Cliffs, Nueva Jersey: Prentice Hall, 1969) 49.
45.   Ibid., 46.
46.   Smith, *The Death of Classical Paganism*, 218.
47.   Ibid., 166-167.
48.   Hillgarth, *The Conversion of Western Europe*, 44-48.

Capítulo 3 - Decidiendo sobre la Doctrina

1.   Evrett Ferguson, Michael P. McHugh & Frederick W. Norris, *Encyclopedia of Early Christianity* (Nueva York y Londres: Garland Publishing, 1990) 420.
2.   Walter Nigg, *The Heretics: Heresy Through the Ages* (Nueva York: Dorset Press, 1962) 138.
3.   Ibid., 138.
4.   Elaine Pagels, *Adam, Eve and the Serpent* (Nueva York: Random House, 1988) 107.
5.   San Agustín, *The City of God*, Libro XIV, Capítulo 16, 465.
6.   Pagels, *Adam, Eve and the Serpent*, 141.
7.   San Agustín, *The City of God*, Libro XIV, Capítulo 16, 465.
8.   Pagels, *Adam, Eve and the Serpent*, 131-134.
9.   Nigg, *The Heretics*, 37.
10.   Barbara Walker, *The Woman's Encyclopedia of Myths and Secrets* (San Francisco: Harper & Row, 1983) 910.
11.   Pagels, *Adam, Eve and the Serpent*, 28.
12.   Ibid., 45.
13.   Ibid., 107.
14.   San Agustín, *The City of God*, Libro XIV, Capítulo 15, 462.
15.   Pagels, *Adam, Eve and the Serpent*, 125.
16.   Ibid., 129-130, 134.
17.   Quincy Howe, Jr., *Reincarnation for the Christian* (Filadelfia: Westminster Press, 1974) 65-72.
18.   Ibid., 66.
19.   *Reincarnation*, recopilado y editado por Joseph Head y S.L. Cranston (Nueva York: The Julian Press, 1961) 38.
20.   Howe, *Reincarnation for the Christian*, 81.

21. Ibid., 67.
22. *The New Columbia Encyclopedia* editada por William H. Harris y Judith S. Levey (Nueva York: y Londres: Columbia University Press, 1975) 782.
23. Nigg, *The Heretics*, 117.
24. Ibid., 116.
25. Lloyd M. Graham, *Deceptions and Myths of the Bible* (Nueva York: Citadel Press, 1975) 468.
26. Keith Thomas, *Religion and the Decline of Magic* (Nueva York: Charles Scribner's Sons, 1974) 477.

Capítulo 4 - La Iglesia Toma el Mando

1. Charles Panati, *Panati's Extraordinary Endings of Practically Everything* (Nueva York: Harper & Row, 1989) 225-228.
2. Ibid., 225.
3. Ibid., 225.
4. Ibid., 264-265.
5. Charles Panati, *Extraordinary Origins of Everyday Things* (Nueva York, Harper & Row, 1987) 201-201.
6. Ibid., 131.
7. Ibid., 328.
8. *The New Columbia Encyclopedia* editada por William H. Harris y Judith S. Levey (Nueva York: y Londres: Columbia University Press, 1975) 2331.
9. Lloyd M. Graham, *Deceptions and Myths of the Bible* (Nueva York: Citadel Press, 1975) 448.
10. Ibid., 449.
11. Daniel J. Boorstin, *The Discoverers* (Nueva York: Random House, 1983) 573.
12. Ibid., 572.
13. Ibid., 573.
14. Ibid., 573.
15. Riane Eisler, *The Chalice and the Blade* (San Francisco: Harper & Row, 1987) y Merlin Stone, *When God Was a Woman* (Nueva York: Dorset Press, 1976).
16. Boorstin, *The Discoverers*, 573.
17. *The New Columbia Encyclopedia*, 61, y Eisler, *The Chalice and the Blade*.
18. Graham, *Deceptions and Myths of the Bible*, 444.
19. Jeffrey Burton Russell, *A History of Medieval Christianity* (Nueva York: Thomas Y. Cromwell, 1968) 103.
20. Ibid., 40.
21. Charles Homer Haskins, *The Renaissance of the 12th Century* (Cleveland y Nueva York: Meridian Books, 1927) 96.
22. Barbara G. Walker, *The Woman's Encyclopedia of Myths and Secrets* (San Francisco: Harper & Row, 1983) 208.
23. Haskins, *The Renaissance of the 12th Century*, 95.

24. John H. Smith, *The Death of Classical Paganism*, (Nueva York: Charles Scribner's Sons, 1976) 223.
25. Walker, *The Woman's Encyclopedia of Myths and Secrets*, 208.
26. Smith, *The Death of Classical Paganism*, 247.
27. Haskins, *The Renaissance or the 12th Century*, 34.
28. Ibid., 43.
29. Boorstin, *The Discoverers*, 581.
30. H. Daniel-Rops, *Cathedral and Crusade* (Nueva York: E.P. Dutton & Company, Inc., 1957) 273.
31. Ibid., 274.
32. Malachi Martin, *Decline and Fall of the Roman Church* (Nueva York: G.P. Putnam's Sons, 1981) 141.
33. Graham, *Deceptions and Myths of the Bible*, 464.
34. Russell, *A History of Medieval Christianity*, 92, y Graham, *Deceptions and Myths of the Bible*, 470.
35. Russell, *A History of Medieval Christianity*, 92.
36. Ibid., 65.
37. Ibid., 93.
38. Joan O'Grady, *The Prince of Darkness* (Longmead: Element Books, 1989) 62.
39. Smith, *The Death of Classical Paganism*, 229.
40. Ibid., 246.

Capítulo 5 - La Iglesia Se Opone al Cambio

1. Jeffrey Burton Russell, *A History of Medieval Christianity* (Nueva York: Thomas Y. Cromwell, 1968) 106.
2. Charles Homer Haskins, *The Renaissance of the 12th Century* (Cleveland y Nueva York: Meridian Books, 1927) 62.
3. Albert Clement Shannon, *The Medieval Inquisition* (Washington, D.C.: Augustinian College Press, 1983) 141.
4. Ibid., 141.
5. Haskins, *The Renaissance of the 12th Century*, 45.
6. Ibid., 364.
7. Walter Nigg, *The Heretics: Heresy Through the Ages* (Nueva York: Dorset Press, 1962) 169.
8. Haskins, *The Renaissance of the 12th Century*, 96.
9. Ibid., 97.
10. Ibid., 55-56.
11. Jacob Burckhardt, *The Civilization of the Renaissance in Italy*, editado por Irene Gordon (Nueva York: Mentor Books, 1960) 336.
12. Russell, *A History of Medieval Christianity*, 97-98.
13. Barbara W. Tuchman, *A Distant Mirror* (Nueva York: Ballantine Books, 1978) 327.

14. Henri Daniel-Rops, *Cathedral and Crusade* (Nueva York: E.P. Dutton & Company, Inc., 1957) 246.
15. Henry C. Lea, *History of Sacerdotal Celibacy in the Christian Church*, 4ª edición revisada (Londres: Watts & Co., 1932) 264, 279.
16. Barbara G. Walker, *The Woman's Encyclopedia of Myths and Secrets* (San Francisco: Harper & Row, 1983) 438.
17. Daniel-Rops, *Cathedral and Crusade*, 521.
18. Theodore Nottingham, "The Birth Within: Meister Eckhart and the Knowing of God", *GNOSIS*, No. 18 (Invierno de 1991) 19.
19. Walker, *The Woman's Encyclopedia of Myths and Secrets*, 212.
20. Jeffrey Burton Russell, *Witchcraft in the Middle Ages* (Ithaca y Londres: Cornell University Press, 1972) 102.
21. Geoffrey Ashe, *The Virgin: Mary's Cult and the Re-emergence of the Goddess* (Londres: Arkana, 1976, 1988) 219.
22. Ibid., 217.
23. Ibid., 217, 221.
24. Ibid., 154.
25. Russell, *A History of Medieval Christianity*, 124-126, 150.
26. Russell, *A History of Medieval Christianity*, 149, y Haskins, *The Renaissance of the 12th Century*, 207.
27. Henry Charles Lea, *The Inquisition of the Middle Ages*, Resumen por Margaret Nicholson (Nueva York: MacMillan, 1961) 24.
28. Haskins, *The Renaissance of the 12th Century*, 217-218.
29. Daniel-Rops, *Cathedral and Crusade*, 240.
30. Ibid., 241.
31. Russell, *A History of Medieval Christianity*, 165.
32. Ibid., 75.
33. Lloyd M. Graham, *Deceptions and Myths of the Bible* (Nueva York: Citadel Press, 1975) 470.
34. Ibid., 470.
35. Philip Schaff, *History of the Christian Church* Vol. V: *The Middle Ages* (Grand Rapids, Missouri: Wm. B. Eerdmans, 1952) 775-6.
36. Russell, *A History of Medieval Christianity*, 168-169.
37. Daniel-Rops, *Cathedral and Crusade*, 433-435.
38. Malachi Martin, *Decline and Fall of the Roman Church* (Nueva York: G.P. Putnam's Sons, 1981) 134, y Daniel-Rops, *Cathedral and Crusade*, 276.
39. James A. Haught, *Holy Horrors* (Buffalo: Prometheus, 1990) 25-26.
40. Martin, *Decline and Fall of the Roman Church*, 134.
41. Haskins, *The Renaissance of the 12th Century*, 280.
42. Russell, *A History of Medieval Christianity*, 75.
43. Ibid., 64.
44. Daniel-Rops, *Cathedral and Crusade*, 439-441.
45. G.G. Coulton, *Inquisition and Liberty* (Glouster, MA: Peter Smith, 1969) 165.
46. Russell, *A History of Medieval Christianity*, 159-160.
47. Karen Armstrong, *Holy War: The Crusades and Their Impact on Today's World* (Nueva York DoubleDay, 1988) 387.

48. Coulton, *Inquisition and Liberty*, 164-165.
49. Lucas 19:27.
50. Martin, *Decline and Fall of the Roman Church*, 134.
51. La creencia común de que los cruzados regresaban de sus hazañas con literatura y saber es incorrecta. Para citar a Charles H. Haskins: "Los Cruzados eran hombres de acción, no hombres de estudio, y poco puede ser investigado en la forma de traducciones en Palestina o Siria." (*The Renaissance of the 12th Century*, 282).
52. Graham, *Deceptions and Myths of the Bible*, 444.
53. Para una discusión más amplia, ver Karen Armstrong, *Holy War: The Crusades and Their Impact on Today's World*.
54. Russell, *A History of Medieval Christianity*, 75.
55. Ibid., 156.
56. Ibid., 155.
57. Ibid., 157.
58. Walker, *The Woman's Encyclopedia of Myths and Secrets*, 510.
59. Ibid., 510.
60. Martin, *Decline and Fall of the Roman Church*, 146.
61. Tuchman, *A Distant Mirror*, 321-322.
62. Ibid., 322.
63. *The New Columbia Encyclopedia* editada por William H. Harris y Judith S. Levey (Nueva York: y Londres: Columbia University Press, 1975) 2442.
64. Coulton, *Inquisition and Liberty*, 59.
65. Lea, *The Inquisition in the Middle Ages*, 27.
66. Timothy O'Neill, "Century of Marvels, Century of Light" 14-18, y Judith Mann, "The Legend of the Cathars" *GNOSIS*, No. 4, 28.
67. Ian Begg, *The Cult of the Black Virgin* (Londres: Arkana, 1985) 136, y Lea, *The Inquisition on the Middle Ages*, 43.
68. Otto Rahn, *Kreuzzug gegen den Gral*, como fue citado en Nigg, *The Heretics*, 182-183.
69. Lea, *The Inquisition in the Middle Ages*, 74.
70. Russell, *Witchcraft in the Middle Ages*, 125.
71. Lea, *The Inquisition in the Middle Ages*, 46.
72. Ibid., 54.
73. Ibid., 54.
74. Ibid., 57-59.
75. Ibid., 64.
76. Jonh Kimsey, "The Code of Love", *GNOSIS*, No. 18 (Invierno de 1991) 27.
77. Lea, *The Inquisition in the Middle Ages*, 75.
78. Friedrich Heer, *The Medieval World*, traducido por Janet Sondheimer (Nueva York: NAL, 1961) 214.
79. Lea, *The Inquisition in the Middle Ages*, 75.

Capítulo 6 - Controlando el Espíritu Humano

1. Henry Kamen, *Inquisition and Society in Spain* (Bloomington: Indiana University Press, 1985) 161.
2. G.G. Coulton, *Inquisition and Liberty* (Glouster, MA: Peter Smith, 1969) 81.
3. Peter Tompkins, "Symbols of Heresy" en *The Magic of Obelisks* (Nueva York: Harper, 1981) 57.
4. Henry Charles Lea, *The Inquisition of the Middle Ages*, Resumen por Margaret Nicholson (Nueva York: MacMillan, 1961) 221-222.
5. Henri Daniel-Rops, *Cathedral and Crusade* (Nueva York: E.P. Dutton & Company, Inc., 1957) 547, y Jeffrey Burton Russell, *Witchcraft in the Middle Ages* (Ithaca y Londres: Cornell University Press, 1972) 155.
6. Rossell Hope Robbins, *The Encyclopedia of Witchcraft and Demonology* (Nueva York: Bonanza Books, 1981) 13.
7. Lea, *The Inquisition of the Middle Ages*, 216.
8. Ibid., 211.
9. Ibid., 214.
10. Ibid., 215.
11. Ibid., 214.
12. Ibid., 177-179.
13. Ibid., 177.
14. Ibid., 174.
15. Ibid., 226-227.
16. Coulton, *Inquisition and Liberty* 132.
17. Barbara G. Walker, *The Woman's Encyclopedia of Myths and Secrets* (San Francisco: Harper & Row, 1983) 439.
18. Lea, *The Inquisition of the Middle Ages*, 248.
19. Ibid., 226-227.
20. Robbins, *The Encyclopedia of Witchcraft and Demonology*, 271.
21. Ibid., 271.
22. Barbara W. Tuchman, *A Distant Mirror* (Nueva York: Ballantine Books, 1978) 36.
23. Walker, *The Woman's Encyclopedia of Myths and Secrets*, 438.
24. Daniel J. Boorstin, *The Discoverers* (Nueva York: Random House, 1983) 275.
25. Lea, *The Inquisition of the Middle Ages*, 70.
26. Ibid., 248.
27. Ibid., 232-233.
28. Ibid., 222.
29. Ibid., 224-225.
30. Ibid., 233-236.
31. Walter Nigg, *The Heretics: Heresy Through the Ages* (Nueva York: Dorset Press, 1962) 220.
32. Juan 15:6
33. Walker, *The Woman's Encyclopedia of Myths and Secrets*, 443.
34. Lea, *The Inquisition of the Middle Ages*, 252.
35. Coulton, *Inquisition and Liberty*, 154-155.

36.   Ibid., 148.
37.   Jean Plaidy, *The Spanish Inquisition* (Nueva York: Citadel Press, 1967) 139.
38.   Coulton, *Inquisition and Liberty*, 154-155.
39.   Walker, *The Woman's Encyclopedia of Myths and Secrets*, 1007.
40.   Coulton, *Inquisition and Liberty*, 155.
41.   Walker, *The Woman's Encyclopedia of Myths and Secrets*, 445.
42.   Plaidy, *The Spanish Inquisition*, 138-145.
43.   Coulton, *Inquisition and Liberty*, 169.
44.   Kamen, *Inquisition and Society in Spain*, 163.
45.   Ibid., 164.
46.   John Bossy, *Christianity in the West 1400-1700* (Oxford: Oxford University Press, 1985) 84-85.
47.   Jeffrey Burton Russell, *A History of Medieval Christianity* (Nueva York: Thomas Y. Cromwell, 1968) 157.
48.   Kamen, *Inquisition and Society in Spain*, 161.
49.   Walker, *The Woman's Encyclopedia of Myths and Secrets*, 472.
50.   Kamen, *Inquisition and Society in Spain*, 14-29.
51.   Hugh A. Mulligan, "Columbus Saga Sinking Fast" (Associated Press, 8 de marzo de 1992).
52.   Jon Margolis, "War of words over Columbus rages on", *The Sunday Denver Post*, 28 de julio de 1991, p.7.
53.   Ibid., 7, 20.
54.   Cecil Roth, *The Spanish Inquisition* (Nueva York: W. W. Norton & Company, 1964) 210.
55.   Plaidy, *The Spanish Inquisition*, 165.
56.   Roth, *The Spanish Inquisition*, 221.
57.   Jean Delumeau, *Catholicism Between Luther and Voltaire* (London: Burns and Oats, 1977) 90.
58.   Walker, *The Woman's Encyclopedia of Myths and Secrets*, 447.
59.   Delumeau, *Catholicism Between Luther and Voltaire*, 79.
60.   "Tripartite Tractate" I,5 - 79.21-32 en *The Nag Hammadi Library*, James M. Robinson, Director (Nueva York: Harper & Row, 1977) 69.
61.   Delumeau, *Catholicism Between Luther and Voltaire*, 82.
62.   Forrest Wood, *The Arrogance of Faith* (Nueva York: Alfred A. Knopf, 1990) 13.
63.   Delumeau, *Catholicism Between Luther and Voltaire*, 82.
64.   Ibid., 85.
65.   Ibid., 85.
66.   Levítico 25:44-46.
67.   Efesios 6:5, 1ª Epístola a Timoteo 6:1, Tito 2:9-10.
68.   Daniel-Rops, *Cathedral and Crusade*, 263.
69.   Elaine Pagels, *Adam, Eve and the Serpent* (Nueva York: Random House, 1988) 114.
70.   Delumeau, *Catholicism Between Luther and Voltaire*, 88.
71.   Wood, *The Arrogance of Faith*, 119.
72.   Ibid., 127.
73.   Walker, *The Woman's Encyclopedia of Myths and Secrets*, 447.

Capítulo 7 - La Reforma

1. Lloyd M. Graham, *Deceptions and Myths of the Bible* (Nueva York: Citadel Press, 1975) 461.
2. John Bossy, *Christianity in the West 1400-1700* (Oxford: Oxford University Press, 1985) 97.
3. Ibid., 94, 109.
4. Ibid., 95.
5. Ibid., 28.
6. Jean Delumeau, *Catholicism Between Luther and Voltaire* (London: Burns and Oats, 1977) 9.
7. Keith Thomas, *Religion and the Decline of Magic* (Nueva York: Charles Scribner's Sons, 1974) 56.
8. Delumeau, *Catholicism Between Luther and Voltaire*, 10.
9. Ibid., 15.
10. *The "Natural Inferiority" of Women*, recopilado por Tama Starr (Nueva York: Poseidon Press, 1991) 36.
11. *The New Columbia Encyclopedia* editada por William H. Harris y Judith S. Levey (Nueva York: y Londres: Columbia University Press, 1975) 1631.
12. Bossy, *Christianity in the West 1400-1700*, 86.
13. Walter Nigg, *The Heretics: Heresy Through the Ages* (Nueva York: Dorset Press, 1962) 304-305, y James A. Haught, *Holy Horrors* (Buffalo: Prometheus, 1990) 111.
14. Jean Delumeau, *Sin and Fear*, traducido por Eric Nicholson (Nueva York: St. Martin Press, 1990) 536.
15. Brian P. Levack, *The Witch-Hunt in Early Modern Europe* (Londres: Longman, 1987) 103.
16. Bossy, *Christianity in the West 1400-1700*, 59-62.
17. Bossy, *Christianity in the West 1400-1700*, 47, 134, y Thomas, *Religion and the Decline of Magic*, 155.
18. Bossy, *Christianity in the West 1400-1700*, 117-118.
19. Ibid., 35, 116.
20. Joseph Gaer y Ben Siegel, *The Puritan Heritage: America's Roots in the Bible* (Nueva York: Mentor Books, 1964) 74-76.
21. Bossy, *Christianity in the West 1400-1700*, 125, 134.
22. Thomas, *Religion and the Decline of Magic*, 161.
23. Ibid., 161.
24. Ibid., 162.
25. Delumeau, *Sin and Fear*, 437.
26. Charles Panati, *Extraordinary Origins of Everyday Things* (Nueva York, Harper & Row, 1987) 202.
27. Delumeau, *Sin and Fear*, 437.
28. Ibid., 437.
29. Ibid., 438-439.
30. Heinrich Kramer y James Sprenger, *The Malleus Maleficarum*, traducido por Montague Summers (Nueva York: Dover Publications, 1971) 167.

31.   Reay Tannahill, *Sex in History* (Michigan: Scarborough House, 1992) 161, y Karen Armstrong, *The Gospel According to Woman: Christianity's Creation of the Sex War in the West* (Nueva York: Doubleday, 1986) 329.
32.   Delumeau, *Sin and Fear*, 438.
33.   Ibid., 438.
34.   Gaer y Siegel, *The Puritan Heritage: America's Roots in the Bible*, 87.
35.   Ibid., 31.
36.   Ibid., 31.
37.   Ibid., 88.
38.   Ibid., 87.
39.   Delumeau, *Catholicism Between Luther and Voltaire*, 43.
40.   Delumeau, *Sin and Fear*, 27.
41.   Jonathan Edwards, "The Justice of God in the Damnation of Sinners", en *The Works of Jonathan Edwards, A. M.K* (Londres: Henry G. Bohn) 673.
42.   Bossy, *Christianity in the West 1400-1700*, 126.
43.   Gaer y Siegel, *The Puritan Heritage: America's Roots in the Bible*, 118.
44.   Delumeau, *Catholicism Between Luther and Voltaire*, 47.
45.   Delumeau, *Sin and Fear*, 457.
46.   Thomas, *Religion and the Decline of Magic*, 278.
47.   Ibid., 52, 269-270.
48.   Ibid., 278.
49.   Ibid., 278.
50.   Ibid., 277.
51.   Bossy, *Christianity in the West 1400-1700*, 68.
52.   Thomas, *Religion and the Decline of Magic*, 29, 44.
53.   Ibid., 503.
54.   Ibid., 53.
55.   Ibid., 52.
56.   Ibid., 56.
57.   Ibid., 57.
58.   Delumeau, *Sin and Fear*, 460.
59.   Ibid., 461.
60.   Levack, *The Witch-Hunt in Early Modern Europe*, 97.
61.   Ibid., 97.
62.   Ibid., 97.
63.   Thomas, *Religion and the Decline of Magic*, 471.
64.   Joan O'Grady, *The Prince of Darkness* (Longmead: Element Books, 1989) 110.
65.   Thomas, *Religion and the Decline of Magic*, 476.
66.   Ibid., 476.
67.   Delumeau, *Catholicism Between Luther and Voltaire*, 173.
68.   Delumeau, *Sin and Fear*, 496.
69.   Thomas, *Religion and the Decline of Magic*, 472.

Capítulo 8 - Las Cacerías de Brujas

1. Rossell Hope Robbins, *The Encyclopedia of Witchcraft and Demonology* (Nueva York: Bonanza Books, 1981) 3.
2. 1ª Epístola de San Pedro 3:7
3. The *"Natural Inferiority"* of *Women*, recopilado por Tama Starr (Nueva York: Poseidon Press, 1991) 45.
4. Joan Smith, *Misogynies: Reflections on Myths and Malice* (Nueva York: Fawcett Columbine, 1989) 66.
5. The *"Natural Inferiority" of Women*, Starr, 45.
6. Karen Armstrong, *The Gospel According to Woman: Christianity's Creation of the Sex War in the West* (Nueva York: Doubleday, 1986) 71.
7. Smith, *Misogynies*, 61.
8. Santo Tomás de Aquino, *Summa Theologica* (Nueva York y Londres: Blackfriars, McGraw-Hill, Eyre & Spottiswoode) Pregunta 92, 35.
9. Armstrong, *The Gospel According to Woman*, 69.
10. Apocrypha, Ecclesiasticus 25:13-26.
11. Walter Nigg, *The Heretics: Heresy Through the Ages* (Nueva York: Dorset Press, 1962) 277.
12. Keith Thomas, *Religion and the Decline of Magic* (Nueva York: Charles Scribner's Sons, 1974) 520.
13. Carol F. Karlsen, *The Devil in the Shape of a Woman* (Nueva York: Vintage Books, 1987) 266.
14. Barbara W. Tuchman, *A Distant Mirror* (Nueva York: Ballantine Books, 1978) 211.
15. Ibid., 211.
16. Joan O'Grady, *The Prince of Darkness* (Longmead: Element Books, 1989) 84.
17. Henry Kamen, *Inquisition and Society in Spain* (Bloomington: Indiana University Press, 1985) 163.
18. Jean Plaidy, *The Spanish Inquisition* (Nueva York: Citadel Press, 1967) 143.
19. Heinrich Kramer y James Sprenger, *The Malleus Maleficarum*, traducido por Montague Summers (Nueva York: Dover Publications, 1971) 121.
20. Ibid., 121.
21. Thomas, *Religion and the Decline of Magic*, 568-569.
22. *The Merriam-Webster Dictionary* (Nueva York: Pocket Books, 1974) 215.
23. Julio Caro Baroja, *The World of Witches* (Chicago: University of Chicago Press, 1961) 60-61, y Brian P. Levack, *The Witch-Hunt in Early Modern Europe* (Londres: Longman, 1987) 45.
24. Jeffrey Burton Russell, *Witchcraft in the Middle Ages* (Ithaca y Londres: Cornell University Press, 1972) 76-77.
25. O'Grady, *The Prince of Darkness*, 62.
26. Baroja, *The World of Witches*, 81.
27. Bengt Ankarloo y Gustav Henningsen, *Early Modern European Witchcraft Centres and Peripheries* (Oxford: Clarendon Press, 1990) 25.
28. Russell, *Witchcraft in the Middle Ages*, 164.

234 EL LADO OSCURO DE LA HISTORIA CRISTIANA

29. Ibid., 134.
30. Margot Adler, *Drawing Down the Moon* (Nueva York: Beacon Press, 1979) 49.
31. Baroja, *The World of Witches*, 149-150.
32. Thomas, *Religion and the Decline of Magic*, 43.
33. Nigg, *The Heretics*, 280, y Jean Delumeau, *Catholicism Between Luther and Voltaire* (London: Burns and Oats, 1977) 174.
34. Delumeau, *Catholicism Between Luther and Voltaire*, 174.
35. Baroja, *The World of Witches*, 165.
36. Ibid., 165.
37. Jeffrey Burton Russell, *A History of Medieval Christianity* (Nueva York: Thomas Y. Cromwell, 1968) 173.
38. Ibid., 173.
39. Levack, *The Witch-Hunt in Early Modern Europe*, 49.
40. Smith, *Misogynies*, 68.
41. Montague Summers, *The History of Witchcraft and Demonology* (Nueva York: New Hyde Park, 1956) 12.
42. Robbins, *The Encyclopedia of Witchcraft and Demonology*, 9.
43. Exodo 22:18
44. Barbara Walker, *The Woman's Encyclopedia of Myths and Secrets* (San Francisco: Harper & Row, 1983) 1088.
45. Ibid., 1088.
46. Summers, *The History of Witchcraft and Demonology*, 63.
47. Robbins, *The Encyclopedia of Witchcraft and Demonology*, 271.
48. Walker, *The Woman's Encyclopedia of Myths and Secrets*, 1086.
49. Robbins, *The Encyclopedia of Witchcraft and Demonology*, 16.
50. Levack, *The Witch-Hunt in Early Modern Europe*, 110.
51. Nigg, *The Heretics*, 281.
52. Baroja, *The World of Witches*, 168-169.
53. Thomas, *Religion and the Decline of Magic*, 502.
54. Walker, *The Woman's Encyclopedia of Myths and Secrets*, 1004.
55. Ibid., 445.
56. Russell, *Witchcraft in the Middle Ages*, 151.
57. Walker, *The Woman's Encyclopedia of Myths and Secrets*, 445-446.
58. Ibid., 445.
59. Ibid., 1004.
60. Robbins, *The Encyclopedia of Witchcraft and Demonology*, 229.
61. Ibid., 4.
62. Levack, *The Witch-Hunt in Early Modern Europe*, 105.
63. Ibid., 59.
64. Ibid., 59.
65. Ibid., 59.
66. Levack, *The Witch-Hunt in Early Modern Europe*, 102, y Thomas, *Religion and the Decline of Magic*, 493-495.
67. Shakespare, *The Tempest*, epílogo, escrito en 1610-1611.
68. Levack, *The Witch-Hunt in Early Modern Europe*, 149-150.
69. Ibid., 150.

70. Thomas, *Religion and the Decline of Magic*, 551, y Walker, *The Woman's Encyclopedia of Myths and Secrets*, 1008.
71. Walker, *The Woman's Encyclopedia of Myths and Secrets*, 1083.
72. Robbins, *The Encyclopedia of Witchcraft and Demonology*, 4.
73. Thomas, *Religion and the Decline of Magic*, 555.
74. Ibid., 554.
75. Ibid., 436.
76. Ibid., 177.
77. Ibid., 265-266.
78. Ibid., 266.
79. Ibid., 266.
80. Ibid., 178.
81. Ibid., 479.
82. Ibid., 265.
83. Ibid., 479.
84. Ibid., 85.
85. Ibid., 264.
86. Ibid., 264.
87. Jeanne Achterberg, *Woman as Healer* (Boston: Shambala, 1991) 105.
88. Ibid., 106.
89. Thomas, *Religion and the Decline of Magic*, 14.
90. Ibid., 537.
91. Ibid., 537.
92. Robbins, *The Encyclopedia of Witchcraft and Demonology*, 540.
93. Ibid., 540.
94. John T. Noonan, Jr., *Contraception* (Nueva York y Toronto: The New American Library, 1965) 42.
95. Achterberg, *Woman as Healer*, 92.
96. Robbins, *The Encyclopedia of Witchcraft and Demonology*, 540.
97. Baroja, *The World of Witches*, 125.
98. Robbins, *The Encyclopedia of Witchcraft and Demonology*, 4.
99. Walker, *The Woman's Encyclopedia of Myths and Secrets*, 655.
100. Génesis 3:16.
101. Walker, *The Woman's Encyclopedia of Myths and Secrets*, 656.
102. Ibid., 656.
103. Armstrong, *The Gospel According to Woman*, 69.
104. Walker, *The Woman's Encyclopedia of Myths and Secrets*, 444.
105. Ibid., 444.
106. Robbins, *The Encyclopedia of Witchcraft and Demonology*, 4-5.
107. Walker, *The Woman's Encyclopedia of Myths and Secrets*, 1087.
108. Levack, *The Witch-Hunt in Early Modern Europe*, 229.
109. Ibid., 229.
110. Ibid., 229.
111. Robbins, *The Encyclopedia of Witchcraft and Demonology*, 17.
112. Ibid., 17.

Capítulo 9 - Enajenación de la Naturaleza

1. Colosenses 3:5-6.
2. Santiago 3:14-15.
3. Filipenses 3:18-19.
4. Génesis 3:17-18.
5. Lewis Regenstein, *Replenish the Earth* (Nueva York: Crossroad, 1991) 72.
6. Ibid., 75.
7. Barry Holstun López, *Of Wolves and Men* (Nueva York: Charles Scribner's Sons, 1978) 238-239.
8. Regenstein, *Replenish the Earth*, 73.
9. Ibid., 74-76.
10. Keith Thomas, *Religion and the Decline of Magic* (Nueva York: Charles Scribner's Sons, 1974) 9.
11. John Holland Smith, *The Death of Classical Paganism*, (Nueva York: Charles Scribner, 1976) 240-241.
12. Ibid., 246.
13. William Anderson, *Green Man* (Londres y San Francisco: Harpercollins, 1990) 51, 52-53, 50.
14. Ibid., 52.
15. Ibid., 63.
16. Sir James George Frazer, *The Golden Bough* Vol. I, Edición Abreviada (Nueva York: Collier Books, 1922) 416.
17. Francis X. Weiser, *Handbook of Christian Feasts and Customs* (Nueva York: Harcourt, Brace & Co., 1952) 53.
18. Jeffrey Burton Russell, *Witchcraft in the Middle Ages* (Ithaca y Londres: Cornell University Press, 1972) 51.
19. Weiser, *Handbook of Christian Feasts and Customs*, 141.
20. Daniel J. Boorstin, *The Discoverers* (Nueva York: Random House, 1983) 599.
21. Barbara G. Walker, *The Woman's Encyclopedia of Myths and Secrets* (San Francisco: Harper & Row, 1983) 116-118.
22. Frazer, *The Golden Bough*, 419.
23. Weiser, *Handbook of Christian Feasts and Customs*, 215-216.
24. Ibid., 290.
25. Ibid., 291.
26. Ibid., 278, 309.
27. Barbara G. Walker, *The Woman's Dictionary of Symbols and Sacred Objects* (San Francisco: Harper & Row, 1988) 344-345.
28. Jean Delumeau, *Sin and Fear*, traducido por Eric Nicholson (Nueva York: St. Martin Press, 1990) 457.
29. Anderson, *Green Man*, 31.
30. Walker, *The Woman's Encyclopedia of Myths and Secrets*, 759.
31. Jean Delumeau, *Catholicism Between Luther and Voltaire* (London: Burns and Oats, 1977) 177.
32. Walker, *The Woman's Dictionary of Symbols and Sacred Objects*, 176.

33.   Joseph Gaer y Ben Siegel, *The Puritan Heritage: America's Roots in the Bible* (Nueva York: Mentor Books, 1964) 92.
34.   Delumeau, *Sin and Fear*, 437.
35.   Walker, *The Woman's Dictionary of Symbols and Sacred Objects*, 176.
36.   *The "Natural Inferiority" of Women*, recopilado por Tama Starr (Nueva York: Poseidon Press, 1991) 46.
37.   Delumeau, *Catholicism Between Luther and Voltaire*, 197.
38.   Thomas, *Religion and the Decline of Magic*, 66.
39.   Gaer y Siegel, *The Puritan Heritage: America's Roots in the Bible*, 86.
40.   Ibid., 86-87.
41.   Ibid., 86.
42.   Weiser, *Handbook of Christian Feasts and Customs*, 64.
43.   Ibid., 65.
44.   Gaer y Siegel, *The Puritan Heritage: America's Roots in the Bible*, 85.
45.   Weiser, *Handbook of Christian Feasts and Customs*, 65-66.
46.   Delumeau, *Catholicism Between Luther and Voltaire*, 169-197.
47.   Ibid., 177.
48.   Rupert Sheldrake, *The Rebirth of Nature: The Greening of Science and God* (Rochester, Vermont: Park Street Press, 1991) 40.
49.   Ibid., 43.
50.   Weiser, *Handbook of Christian Feasts and Customs*, 35.
51.   Delumeau, *Catholicism Between Luther and Voltaire*, 228.
52.   Ibid., 206.
53.   Thomas, *Religion and the Decline of Magic*, 151.
54.   Boorstin, *The Discoverers*, 571.
55.   Ibid., 571.
56.   Thomas, *Religion and the Decline of Magic*, 619-622.
57.   Ibid., 621.
58.   Ibid., 623.
59.   Santiago 1:15.
60.   Thomas, *Religion and the Decline of Magic*, 38-39.
61.   2ª Epístola a los Corintios 15:26.
62.   Romanos 8:13.
63.   Romanos 8:6.
64.   Delumeau, *Sin and Fear*, 448.
65.   *The Merriam-Webster Dictionary* (Nueva York: Pocket Books, 1974) 118.
66.   San Agustín, *The City of God*, traducido por Marcus Dods (Nueva York: The Modern Library, 1950) Libro 13, Capítulo 3, 413.
67.   Ibid., Libro 13, Capítulo 15, 423.
68.   1ª Epístola a los Corintios 15:26.
69.   J.H. Strawley, *The Epistles of St. Ignatius, Bishop of Antioch* (Londres: Society For Promoting Christian Knowledge, 1900) 92-93.
70.   Lucas 20:34-36. (Acentuación agregada)
71.   Delumeau, *Sin and Fear*, 54.
72.   Ibid., 54.

73. John Bossy, *Christianity in the West 1400-1700* (Oxford: Oxford University Press, 1985) 26.
74. Thomas, *Religion and the Decline of Magic*, 603-604.
75. Ibid., 66.
76. Delumeau, *Sin and Fear*, 39.
77. Gaer y Siegel, *The Puritan Heritage: America's Roots in the Bible*, 92.
78. San Agustín, *The City of God*, Libro 13, Capítulo 10, 419.
79. Ibid., Libro 13, Capítulo 4, 415.
80. Eclesiastés 7:1.
81. Weiser, *Handbook of Christian Feasts and Customs*, 277.
82. San Agustín, *The City of God*, Libro 13, Capítulo 4, 415.
83. Delumeau, *Sin and Fear*, 55.
84. Ibid., 352.
85. Mateo 16:28.
86. Thomas, *Religion and the Decline of Magic*, 142.

Capítulo 10 - Un Mundo sin Dios

1. Shakespeare, *All's Well that Ends Well*, Acto II, Escena iii.
2. Gary Zukav, *The Dancing Wu Li Masters* (Toronto: Bantam Books, 1979) 21-25.
3. Charles Darwin, *The Descent of Man and Selection in Relation to Sex*, Parte Uno, Vol. III (Nueva York: P.F. Collier & Son, 1871) 642.
4. Charles Darwin, *The Origin of Species by Means of Natural Selection or the Preservation of Favored Races in the Struggle for Life*, Vol. II (Nueva York: D. Appleton & Co., 1897) 303.
5. Ibid., 294.
6. Jean Delumeau, *Catholicism Between Luther and Voltaire* (London: Burns and Oats, 1977) 204.
7. Frank Swancara, *Obstruction of Justice By Religion* (Denver: W. H. Courtwright Publishing Co., 1936) 27.
8. Frank E. Mauel, *The Changing of the Gods* (Hanover, NH: University Press of New England, 1983) 66.
9. John Locke, "A Letter Concerning Toleration", 1689, como fue impreso en *The Founders' Constitution*, Vol. 5 (Chicago: University of Chicago, 1987) 69.
10. Zukav, *The Dancing Wu Li Masters*, 26.
11. Fritjof Capra, *The Tao of Physics* (Toronto: Bantam Books, 1984) 8.
12. Stephen W. Hawking, *A Brief History of Time* (Toronto: Bantam Books, 1988) 55.
13. Zukav, *The Dancing Wu Li Masters*, 27.
14. Ibid., 38.
15. Ibid.,80-83.
16. Ibid.,82.
17. Ibid.,63.
18. "Gaia: The Veiled Goddess", *The Economist*, 22 de diciembre de 1990.

19.   Zukav, *The Dancing Wu Li Masters,* 29.
20.   Ibid., 297.
21.   Andrew Kimbrell, "Body wars", *Utne Reader* (mayo/junio de 1992) 59.
22.   Joseph Gaer y Ben Siegel, *The Puritan Heritage: America's Roots in the Bible* (Nueva York: Mentor Books, 1964) 29.
23.   Ibid., 77.
24.   Ibid., 78.
25.   Peter McWilliams, *Ain't Nobody's Business If You Do: The Absurdity of Consensual Crimes in a Free Society* (Los Angeles: Prelude Press, 1993) 153.
26.   Ibid., 103-104.
27.   Ibid., 102.
28.   Lawrence Lader, *Politics, Power & the Church* (Nueva York: Macmillan Publishing Company, 1987) 135-140, "World Watch", *The Rocky Mountain News,* 14 de abril de 1992, y "Vatican denies helping Nazis flee after war", *The Associated Press,* 15 de febrero de 1992.
29.   Ver nota no. 25.
30.   John Dollison, *Pope-Pourri* (Nueva York: Simon & Schuster, 1994) 9.

Capítulo 11 - Conclusión

1.   Forrest Wood, *The Arrogance of Faith* (Nueva York: Alfred A. Knopf, 1990) 27.

Bibliografía Selecta

Achterberg, Jeanne. *Woman as Healer*. Boston: Shambala, 1991.

Ackerman, Robert W. *Backgrounds to Medieval English Literature*. Nueva York: Random House, 1966.

Adler, Margot. *Drawing Down the Moon*. Nueva York: Beacon Press, 1979.

Anderson, William. *Green Man*. Londres y San Francisco: Harpercollins, 1990.

Ankarloo, Bengt y Henningsen, Gustav. *Early Modern European Witchcraft Centres and Peripheries*. Oxford: Clarendon Press, 1990.

Aquinas, Saint Thomas. *Summa Theologica*. Nueva York y Londres: Blackfriars, McGraw-Hill, Eyre & Spottiswoode.

Armstrong, Karen. *Holy War: The Crusades and Their Impact on Today's World*. Nueva York DoubleDay, 1988.

_____. *The Gospel According to Woman: Christianity's Creation of the Sex War in the West*. Nueva York: Doubleday, 1986.

Ashe, Geoffrey. *The Virgin: Mary's Cult and the Re-emergence of the Goddess*. Londres: Arkana, 1976, 1988.

Augustine, Saint. *The City of God*, Libro XIV, Capítulo 4, traducido por Marcus Dods. Nueva York: The Modern Library, 1950.

Baigent, Michael; Leigh, Richard; Lincoln, Henry. *Holy Blood, Holy Grail*. Nueva York: Dell, 1982.

Baroja, Julio Caro. *The World of Witches*. Chicago: University of Chicago Press, 1961.

Begg, Ian. *The Cult of the Black Virgin*. Londres: Arkana, 1985.

Boorstin, Daniel J. *The Discoverers*. Nueva York: Random House, 1983.

Bossy, John. *Christianity in the West 1400-1700*. Oxford: Oxford University Press, 1985.

Burckhardt, Jacob. *The Civilization of the Renaissance in Italy*, editado por Irene Gordon. Nueva York: Mentor Books, 1960.

Capra, Fritjof. *The Tao of Physics*. Toronto: Bantam Books, 1984.

Carmichael, Joel. *The Birth of Christianity*. Nueva York: Hippocrene Books, 1989.

Cotterel, Arthur. *Myths and Legends*. Nueva York: MacMillan Publishing Company, 1989.

Coulton, G.G. *Inquisition and Liberty*. Glouster, MA: Peter Smith, 1969.

Daniel-Rops, H. *Cathedral and Crusade.* Nueva York: E.P. Dutton & Company, Inc., 1957.

Darwin, Charles. *The Descent of Man and Selection in Relation to Sex,* Parte Uno, Vol. III. Nueva York: P.F. Collier & Son, 1871.

_____. *The Origin of Species by Means of Natural Selection or the Preservation of Favored Races in the Struggle for Life,* Vol. II. Nueva York: D. Appleton & Co., 1897.

Delumeau, Jean. *Catholicism Between Luther and Voltaire.* Londres: Burns and Oats, 1990.

_____. *Sin and Fear,* traducido por Eric Nicholson. Nueva York: St. Martin Press, 1990.

Dollison, John. *Pope-Pourri.* Nueva York: Simon & Schuster, 1994.

Edwards, Jonathan. "The Justice of God in the Damnation of Sinners", de *The Works of Jonathan Edwards, A. M.* Londres: Henry G. Bohn.

Eisler, Riane. *The Chalice and the Blade.* San Francisco: Harper & Row, 1987.

Essene Gospel of Peace, The. Editado y traducido por Edmond Bordeaux Szekely. San Diego: Academy of Creative Living, 1971.

Excerpta Ex Theodoto of Clement of Alexandria, The. Traducido por Robert Pierce Casey. Londres: Christophers, 1934.

Ferguson, Evrett; McHugh, Michael P.; Norris, Frederick W. *Encyclopedia of Early Christianity.* Nueva York y Londres: Garland Publishing, 1990.

Frazer, Sir James George. *The Golden Bough* Vol. I, Edición Abreviada. Nueva York: Collier Books, 1922.

Gaer, Joseph; Siegel, Ben. *The Puritan Heritage: America's Roots in the Bible.* Nueva York: Mentor Books, 1964.

Graham, Lloyd M. *Deceptions and Myths of the Bible.* Nueva York: Citadel Press, 1975.

Haskins, Charles Homer. *The Renaissance of the 12th Century.* Cleveland y Nueva York: Meridian Books, 1927.

Haught, James A. *Holy Horrors.* Buffalo: Prometheus, 1990.

Hawking, Stephen W. *A Brief History of Time.* Toronto: Bantam Books, 1988.

Heer, Friedrich. *The Medieval World,* traducido por Janet Sondheimer. Nueva York: NAL, 1961.

Hillgarth, J.N. *The Conversion of Western Europe.* Englewood Cliffs, Nueva Jersey: Prentice Hall, 1969.

Hippolytus Philosophunema 6.9, Vol. II, traducido por F. Legge. Londres: Society For Promoting Christian Knowledge, 1921.

Howe, Jr., Quincy. *Reincarnation for the Christian.* Filadelfia: Westminster Press, 1974.

Ignatius, *Magnesians* and *Trallians.* En *The Ante-Nicene Christian Library.* Edinburgh: T&T Clark.

Irenaeus. *Irenaeus Against Heresies*. En *The Ante-Nicene Christian Library*. Buffalo: The Christian Literature Publishing Co., 1885.

Kamen, Henry. *Inquisition and Society in Spain*. Bloomington: Indiana University Press, 1985.

Karlsen, Carol F. *The Devil in the Shape of a Woman*. Nueva York: Vintage Books, 1987.

Kimbrell, Andrew. "Body wars", *Utne Reader* (mayo/junio de 1992).

Kimsey, John. "The Code of Love", *GNOSIS*, No. 18 (Invierno de 1991).

Kramer, Heinrich y Sprenger, James. *The Malleus Maleficarum*. Traducido por Montague Summers. Nueva York: Dover Publications, 1971.

Lader, Lawrence. *Politics, Power & the Church*. Nueva York: Macmillan Publishing Company, 1987.

Lea, Henry C. *History of Sacerdotal Celibacy in the Christian Church*, 4ª edición revisada. Londres: Watts & Co., 1932.

_____. *The Inquisition of the Middle Ages*. Resumen por Margaret Nicholson. Nueva York: MacMillan, 1961.

Levack, Brian P. *The Witch-Hunt in Early Modern Europe*. Londres: Longman, 1987.

Locke, John. "A Letter Concerning Toleration", 1689, como fue impreso en *The Founders' Constitution*, Vol. 5. Chicago: University of Chicago, 1987.

Lopez, Barry Holstun. *Of Wolves and Men*. Nueva York: Charles Scribner's Sons, 1978.

Margolis, Jon. "War of words over Columbus rages on", *The Sunday Denver Post*, 28 de julio de 1991.

Martin, Malachi. *Decline and Fall of the Roman Church*. Nueva York: G.P. Putnam's Sons, 1981.

Mauel, Frank E. *The Changing of the Gods*. Hanover, NH: University Press of New England, 1983.

McWilliams, Peter. *Ain't Nobody's Business If You Do: The Absurdity of Consensual Crimes in a Free Society*. Los Angeles: Prelude Press, 1993.

Mulligan, Hugh A. "Columbus Saga Sinking Fast". Associated Press, 8 de marzo de 1992).

Nag Hammadi Library, The. James M. Robinson, Director. Nueva York: Harper & Row, 1977.

New Columbia Encyclopedia, The. Editada por William H. Harris y Judith S. Levey. Nueva York: y Londres: Columbia University Press, 1975.

Nigg, Walter. *The Heretics: Heresy Through the Ages*. Editado y traducido por Richard y Clara Winston. Nueva York: Dorset Press, 1962.

Noonan, Jr., John T. *Contraception*. Nueva York y Toronto: The New American . Library, 1965.

Nottingham, Theodore. "The Birth Within: Meister Eckhart and the Knowing of God". *GNOSIS*, No. 18 (Invierno de 1991).

O'Grady, Joan. *The Prince of Darkness*. Longmead: Element Books, 1989.

O'Neill, Timothy. "Century of Marvels, Century of Light" 14-18, y Judith Mann. "The Legend of the Cathars". *GNOSIS*, No. 4.

Pagels, Elaine. *Adam, Eve and the Serpent*. Nueva York: Random House, 1988.

—————. *The Gnostic Gospels*. Nueva York: Random House, 1979.

Panati, Charles. *Panati's Extraordinary Endings of Practically Everything*. Nueva York: Harper & Row, 1989.

—————. *Extraordinary Origins of Everyday Things*. Nueva York, Harper & Row, 1987.

Plaidy, Jean. *The Spanish Inquisition*. Nueva York: Citadel Press, 1967.

Rahn, Otto. *Kreuzzug gegen den Gral*, como fue citado en Nigg, *The Heretics*.

Regenstein, Lewis. *Replenish the Earth*. Nueva York: Crossroad, 1991.

Robbins, Rossell Hope. *The Encyclopedia of Witchcraft and Demonology*. Nueva York: Bonanza Books, 1981.

Roth, Cecil. *The Spanish Inquisition*. Nueva York: W. W. Norton & Company, 1964.

Russell, Jeffrey Burton. *A History of Medieval Christianity*. Nueva York: Thomas Y. Cromwell, 1968.

—————. *Witchcraft in the Middle Ages*. Ithaca y Londres: Cornell University Press, 1972.

Schaff, Philip. *History of the Christian Church. Vol. V: The Middle Ages*. Grand Rapids, Missouri: Wm. B. Eerdmans, 1952.

Secret Teachings of Jesus, The. Traducido por Marvin W. Meyer. Nueva York: Random House, 1984.

Shannon, Albert Clement. *The Medieval Inquisition*. Washington, D.C.: Augustinian College Press, 1983.

Sheldrake, Rupert. *The Rebirth of Nature: The Greening of Science and God*. Rochester, Vermont: Park Street Press, 1991.

Smith, Charles Merrill. *The Pearly Gates Syndicate*. Nueva York: DoubleDay, 1971.

Smith, Joan. *Misogynies: Reflections on Myths and Malice*. Nueva York: Fawcett Columbine, 1989.

Smith, John Holland. *The Death of Classical Paganism*. Nueva York: Charles Scribner, 1976.

St. Irenaeus, Proof of the Apostolic Preaching. Traducido y comentado por Josephy P. Smith. Westminster, Maryland: The Newman Press, 1952.

Starr, Tama. *The "Natural Inferiority" of Women*. Nueva York: Poseidon Press, 1991.

Stone, Merlin. *When God Was a Woman*. Nueva York: Dorset Press, 1976.

Strawley, J.H. *The Epistles of St. Ignatius, Bishop of Antioch.* Londres: Society For Promoting Christian Knowledge, 1900.

Summers, Montague. *The History of Witchcraft and Demonology.* Nueva York: New Hyde Park, 1956.

Swancara, Frank. *Obstruction of Justice By Religion.* Denver: W. H. Courtwright Publishing Co., 1936.

Tannahill, Reay. *Sex in History.* Michigan: Scarborough House, 1992.

Tertullian. "On Prescription Against Heretics" y "On the Flesh of Christ". *Ante-Nicene Fathers; Translations of the Writings of the Fathers down to A.A. 325,* Vol. III. Grand Rapids: Wm. B. Eerdmans Publishing Company, 1951.

Tertullian. *Tertullianus against Marcion.* En la *Ante-Nicene Christian Library.* Edinburgh: T&T Clark.

Thomas, Keith. *Religion and the Decline of Magic.* Nueva York: Charles Scribner's Sons, 1974.

Tompkins, Peter. "Symbols of Heresy" en *The Magic of Obelisks.* Nueva York: Harper, 1981.

Tuchman, Barbara W. *A Distant Mirror.* Nueva York: Ballantine Books, 1978.

von Campenhausen, Hans. *Ecclesiastical Authority and Spiritual Power: In the Church of the First Three Centuries.* Traducido por J.A. Baker. Stanford University Press, 1969.

Walker, Barbara G. *The Woman's Dictionary of Symbols and Sacred Objects.* San Francisco: Harper & Row, 1988.

_____. *The Woman's Encyclopedia of Myths and Secrets.* San Francisco: Harper & Row, 1983.

Weiser, Francis X. *Handbook of Christian Feasts and Customs.* Nueva York: Harcourt, Brace & Co., 1952.

Wood, Forrest. *The Arrogance of Faith.* Nueva York: Alfred A. Knopf, 1990.

Zukav, Gary. *The Dancing Wu Li Masters.* Toronto: Bantam Books, 1979.

Indice Analítico

Créditos de las Ilustraciones

Acerca de la Autora

    Helen Ellerbe nació en Beirut, creció en Arabia Saudita y fue educada en Connecticut, Colorado y Alemania. Ella ha trabajado como traductora de alemán, representante de ventas de *Fortune 500,* corredora de bolsa, escultora de figuras mitológicas, y más recientemente, como investigadora, escritora y oradora pública. Vive en el área de la Bahía de San Francisco con su esposo.

Esta obra se terminó de imprimir
en septiembre de 2006, en los Talleres de

IREMA, S.A. de C.V.
Oculistas No. 43, Col. Sifón
09400, Iztapalapa, D.F.